ま え が き

　本書は、歴史総合の教科書『現代の歴史総合　みる・読みとく・考える』（歴総708）に準拠した学習ノートです。

　歴史総合では、人間の歩みについて、近代・現代に焦点をあて、世界とそのなかにおける日本の歩みと関連づけながら学習します。構成は、歴史の大きな変化として「近代化」「国際秩序の変化や大衆化」「グローバル化」の３つに着目したものとなっています。

　この科目の目的は、人類の歴史のもっとも新しい部分を、言い換えると、人間の歴史の到達点を学ぶことにあります。

　学習を進めるなかで、人間は今日に至るまでの歴史で、何をどこまで成し遂げたのかについて考えてみましょう。それは、今日の日本と世界の国々の政治・経済・社会・文化あるいはそれらの相互作用について学ぶことでもありますし、現代に生きる１人の市民、国民、あるいは地球市民としての基本的教養あるいは知識でもあります。

　そして最終的には、人間社会の近い過去を学び、現在について考えるだけでなく、ぜひとも将来についても思いを馳せてください。みなさんはどのような歴史をつくっていきたいですか。

現代の歴史総合ノート編集部

目　次

本書の構成と使い方

本書は、教科書の構成にそって、各部ごとに「〇〇と私たち」「章」「〇〇と現代的な諸課題」で構成しています。ここでは、各ページの使い方を紹介します。

▶「〇〇と私たち」のページ

「〇〇と私たち」では、各部を考える様々な事例で問いを設けています。教科書の資料を見ながら、解答欄に、問いに対する自分の考えを自由に記入しましょう。また、気がついたこと、もっと知りたいと思ったこと、疑問に思ったことを書き出してみましょう。

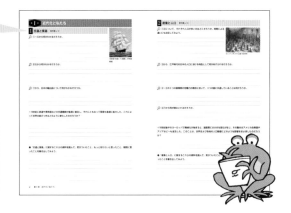

♣は「〇〇と私たち」のまとめにあたる問いです。学習の段階としては、まだ答えるのは難しい問いですが、まずは自分のことばで書いてみましょう。

▶「章」のページ

「導入の問い」の解答欄です。教科書の図版を参照しながら、考えてみましょう。

教科書の構成に沿って内容を簡潔に整理しています。予習・復習に役立つように、基本的事項を中心にした穴埋め問題を設けています。

「テーマへのアプローチ」です。解答欄は適切なタイミングでまとめられるよう、各所に設けています。

教科書の冒頭にある「テーマ全体の問い」は、最後に取り組めるよう、末尾に解答欄を設けています。

▶「〇〇と現代的な諸課題」のページ

「〇〇と現代的な諸課題」は、部のまとめのページです。様々な観点から、過去の人々が課題に対してどのような取り組みをおこなったかを、教科書の資料を参照しながら、考えてみましょう。

◆は歴史を現代と関連させて考える問いです。今日に続く課題は何か、新聞やインターネットなどを活用して調べてみましょう。

第 I 部　近代化と私たち

1　交通と貿易　　教科書 p. 12

19世紀を通じて活躍した快速帆船

🔍① ①〜⑤から何がわかるだろうか。

_____

_____

_____

_____

_____

🔍② ⑤⑥から何がわかるだろうか。

_____

_____

_____

_____

🔍③ ⑦から、日本の輸出品について何がわかるだろうか。

_____

_____

_____

_____

♣19世紀に鉄道や蒸気船などの交通機関が急速に普及し、それにともなって貿易も急速に拡大した。これによって世界の結びつきはどのように変化したのだろうか？

_____

_____

_____

_____

_____

● 「交通と貿易」に関するこれらの資料を読んで、気がついたこと、もっと知りたいと思ったこと、疑問に思ったことを書き出してみよう。

_____

_____

_____

_____

_____

_____

_____

① ①②について、それぞれ人口が多いのはどこだろうか。時期による違いにも注目してみよう。

ロンドンのスラム街（1872年）

② ②から、江戸時代の日本の人口における特色として何があげられるだろうか。

③ ③〜⑤の３つの産業間の労働力の割合において、３つの国に共通していることは何だろうか。

④ ⑥⑦から何が読みとれるだろうか。

♣18世紀後半のヨーロッパで機械化が始まると、諸産業には大きな変化が生じ、その動きはアメリカ合衆国やアジアなどへも波及した。このことは、世界および各地の人口動態にどのような影響をおよぼしたのだろうか？

● 「産業と人口」に関するこれらの資料を読んで、気がついたこと、もっと知りたいと思ったこと、疑問に思ったことを書き出してみよう。

3 権利意識と政治参加、国民の義務 教科書 p.14

🔍① 印紙法への反対運動はアメリカ独立革命の前提の1つとなった。それはなぜだろうか。

球戯場の誓い（1789年）

🔍② 球戯場の誓いと人権宣言第3条とはどのような関係にあるだろうか。

🔍③ 福沢諭吉は江戸時代の日本にどのような問題があったととらえ、明治維新後の日本をどのように変えようとしたのだろうか。

🔍④ 福沢の見方は、明治維新後の日本で実際におこった変化とどのように関係していたのだろうか。

♣ 近代の世界で、人々はどのようにして自由や人権などの意識を育み、なぜ政治参加を求めたのだろうか。また他方、どのような国民としての義務が求められたのだろうか？

● 「権利意識と政治参加、国民の義務」に関するこれらの資料を読んで、気がついたこと、もっと知りたいと思ったこと、疑問に思ったことを書き出してみよう。

① ①②から読みとれる共通点と相違点をあげてみよう。

明治時代の小学校（国立教育政策研究所蔵）

② 江戸時代の教育と明治時代の教育の違いはなぜ生まれたのだろうか。

③ ③について、義務教育が始まっても就学率がなかなか上がらなかったのはなぜだろうか。

④ ④⑤について、戦前と戦後の教育の共通点と相違点をあげてみよう。

⑤ 人々にとって、学校で教育を受けることの意味はどのように変わってきたのだろうか。

♣明治時代以降、国（文部省）は義務教育の充実をはかった。学校教育の普及は、人々の生活や社会にどのような変化をもたらしたのだろうか？

● 「学校教育」に関するこれらの資料を読んで、気がついたこと、もっと知りたいと思ったこと、疑問に思ったことを書き出してみよう。

🔍① ①②の作業の違いは、家族のあり方にどのような影響をおよぼすのだろうか。

_____

_____

_____

_____

日本の農作業の様子（『成形図説』19世紀初頭）（国立国会図書館蔵）

🔍② ③④の共通点をあげてみよう。

_____

_____

_____

🔍③ ⑤は何を風刺しているのだろうか。

_____

_____

_____

_____

🔍④ ⑥の夫はどんな職業だろうか。

_____

_____

_____

_____

♣19世紀に工業が発展した国や地域では、工場労働者が急増した。それにともなって、労働の形態や家庭における女性の役割など、労働と家族のあり方はどのように変化したのだろうか？

_____

_____

_____

● 「労働と家族」に関するこれらの資料を読んで、気がついたこと、もっと知りたいと思ったこと、疑問に思ったことを書き出してみよう。

_____

_____

_____

_____

6 移民　教科書 p. 17

① ①②の③は同じものを指すが何だろうか。なぜ規模が縮小したのだろうか。

「中国人問題への最初の一撃」(『WASP』アメリカ、1877年)

② ①の①が、②の①のように大規模な流れに変わったのはなぜだろうか。

③ なぜアメリカの白人労働者は中国人移民を排斥したのだろうか。

④ この日本人移民にとって、アメリカで働くことは、日本で働くこととどのように違ったのだろうか。

♣19世紀は「移民の世紀」と呼ばれるほど、日本を含めた世界で多くの移民が生まれた。移民たちは何を求め、どのように移動し、社会にどのような影響を与えたのだろうか？

● 「移民」に関するこれらの資料を読んで、気がついたこと、もっと知りたいと思ったこと、疑問に思ったことを書き出してみよう。

1 18世紀の東アジアにおける社会と経済　教科書 p.20～23

① 教科書の図版①の大運河沿いに並ぶ商店の看板の文字を読んでみよう。どのような商品が取り引きされたのだろうか。

② 看板に「行」という文字がみられるが、これは何を意味するのだろうか。

「姑蘇繁華図」（部分、徐揚）

テーマへのアプローチ①18世紀の中国経済の発展に、どのような商品やモノが影響を与えたのだろうか。

②繁栄する18世紀の東アジアのなかで、中国と日本の共通点と相違点はどこにあったのだろうか。

③徳川幕府の仕組みは、どのような形で経済の発展に影響を与えたのだろうか。

▶18世紀の中国経済

1 中国の状況

　a　明（漢人王朝。14～17世紀）：皇帝支配のもと全国を統治

　b　清（満洲人王朝。17世紀～）：18世紀に全盛期

2 農業と手工業の発展

　a　農業：江南地方で（1　　　　　）栽培（桑・綿花）

　b　手工業：江南地方（生糸・絹織物・綿織物）・福建省（製糖業）・（2　　　　　）（陶磁器）

3 商業

　a　大運河の整備（杭州～天津）

　b　江南地方の（3　　　　）や長江中流域の漢口など商工業都市が繁栄

　c　遠隔地商業と金融ネットワークの形成→（4　　　　）商人・徽州（新安）商人の台頭

4 社会

　a　トウモロコシ・サツマイモなど新作物の栽培で山地の開墾が進む

　b　日本やアメリカ大陸から（5　　　　）の流入・農村への貨幣経済の浸透→税の銀納化

→経済発展が人口増加を支える

5 問題

　a　多様な気候風土・歴史→地域ごとの経済ネットワーク⇔全国的な統一市場の形成はならず

　b　山地の開墾による環境破壊

　c　人口増加にみあった（6　　　　　）の拡大がなく、貧困化する農民も

アプローチ①

▶18世紀の日本社会

1 政治

　a　天皇（朝廷）＝祭祀をおこなう

　b　徳川将軍（幕府）＝政治の実権

→全国は幕府の直轄領と大名が内政をおこなう二百数十の（7　　　　）にわかれ、将軍が支配

②社会

- a　身分制社会で武士が行政を担い、被支配身分には百姓・町人・被差別身分などがいた
- b　生産者である百姓は(⁸　　　　　　)を負担し、そこから武士の俸禄が支給された

▶ 18世紀の日本経済とその変容

①享保の改革(徳川吉宗)

背景：年貢収入の停滞と(⁹　　　　　　)下落による幕府財政の逼迫

内容：定免法の採用・新田開発・商品作物生産の奨励・株仲間の公認→年貢収納率上昇

②全国市場の確立

大坂・江戸・京都の三都を中心に年貢米や特産物が流通

- a　大阪は「(¹⁰　　　　　　　　　)」＝年貢余剰米や特産物を蔵屋敷に保管・売却、納屋物も取引
- b　遠隔地海運の発達
  - Ⅰ　17世紀以降、菱垣廻船・(¹¹　　　　　　)(江戸〜大坂)
  - Ⅱ　18世紀末頃、北前船(蝦夷地や東北地方〜西日本)
  - →西日本で昆布などが流通、長崎での(¹²　　　　　)輸出

③貨幣経済の浸透

有力百姓と小百姓への分化→18世紀後半の凶作・飢饉による人口停滞、一揆や打ちこわしの発生
⇔19世紀に(¹³　　　　　)発達(織物業・製糸業)→経済成長・人口増加

アプローチ②
_____

アプローチ③
_____
_____
_____
_____
_____
_____
_____

●18世紀の中国と日本では、商品生産と流通網はどのように発達したのだろうか？
_____
_____
_____
_____

2 貿易が結んだ世界と日本　教科書 p. 24〜27

①教科書の図版1 2に描かれているのは、どこの国の船だろうか。
②1 2の場所以外では、どのような場所が日本と世界を結びつけていたのだろうか。

長崎の出島（「寛文長崎図屏風」部分）（長崎歴史文化博物館蔵）

テーマへのアプローチ①アジア域内の貿易はだれによって担われていたのだろうか。	②欧米諸国が中国やインド、東南アジアに求めたものはそれぞれ何だろうか。	③どのような商品を通して世界とアジア、日本は結びついていたのだろうか。

▶アジア域内貿易とヨーロッパ

1 アジア域内貿易

中国商人やムスリム商人によりおこなわれる

→15世紀以降、（1　　　　　　）の直接取引を求めて、ヨーロッパ人商人も参入

　アジア域内貿易で取り扱われた商品：生糸・綿織物・香辛料・砂糖・米・蘇木・銀・銅など

2 ヨーロッパとアジア域内貿易

　a　17世紀、イギリスやオランダ、フランスの各国がそれぞれ（2　　　　　　　）設立

　→アジアとの貿易を独占的におこなう

　　とくに（3　　　　　　　　　　）はアジア各地の港に商館を設置→中継貿易

　　ポルトガル人・東インド会社に属しないイギリス人・独立後のアメリカの商人も参入

　b　経済的に豊かなアジアは西ヨーロッパの商品を必要とせず→（4　　　）がアジアに流入

　　アメリカ大陸産の銀が西ヨーロッパからアジアへ再輸出

　　＊スペインのガレオン船で、メキシコのアカプルコからマニラ経由でアジアに流入した銀もある

アプローチ①

▶18世紀のアジア貿易と日本

1 中国の状況

清の統治下

　a　（5　　　　　）が緩和され、国際貿易が発展。欧米諸国の船の入港は（6　　　　　）に限定

　→欧米諸国が中国に茶や陶磁器を求めて来航。中国には銀をもたらす

　b　中国人商人が東南アジア・日本へ→胡椒・米・蘇木などを東南アジアから輸入

　c　東南アジアへ中国人が移民

アプローチ②

---

2 日本の状況

　a　（7　　　　　　）で徳川幕府の管理のもと、中国・オランダと貿易をおこなうも国交はなし

　　オランダ：長崎の（8　　　　　）で貿易→幕府は「オランダ風説書」を通じて世界情勢を得る

朝鮮：16世紀末の豊臣秀吉の朝鮮侵略により関係断絶

　→17世紀初めに(⁹　　　　　)藩を介して国交と貿易復活

　日本と朝鮮との関係は対等。朝鮮から幕府には(¹⁰　　　　　)が派遣された

　(¹¹　　　　　)：15世紀に統一。中国(明)に服属と朝貢→1609年、(¹²　　　　　)藩に征服される

　→琉球は中国(明のち清)に服属を続け、薩摩藩は琉球の貿易に介入して中国の物産を入手

→日本は中国・オランダ・朝鮮・琉球を介して中国産の(¹³　　　　　)や絹織物を入手し、(¹⁴　　　)
や俵物などの海産物を輸出した

b　(¹⁵　　　　　)のアイヌはみずからの国家をもたずに生活。日本や中国、ロシアと交易

　Ⅰ　17世紀以降、(¹⁶　　　　　)藩がアイヌを服従させ、収奪的な交易や漁業の労働力として使役

　Ⅱ　18世紀末、ロシア使節来航・幕府警戒(「鎖国」)→19世紀初、幕府みずから蝦夷地経営

アプローチ③

●18世紀の世界と日本は、どのように結びついていたのだろうか？

3 産業革命　教科書 p. 28〜33

教科書[1]の問い

🔍① 上の人々と下の人々の、対照的な点は何だろうか。

🔍② このような境遇の違いが生じたのはなぜだろうか。

教科書[2][3]の問い

🔍① [2][3]のグラフから、イギリス社会のどのような変化が読みとれるだろうか。

_____

_____

_____

_____

アメリカの雑誌に掲載された風刺画(『Puck Magazine』1883年)

テーマへのアプローチ①産業革命は、なぜイギリスで始まったのだろうか。	②産業革命は世界の結びつきをどのように強めたのだろうか。	③産業革命によって人々は豊かになったのだろうか。それとも貧しくなったのだろうか。

▶技術革新

[1]産業革命の発端

18世紀半ばから19世紀初めにかけてイギリスの(^{1}　　　　　)工業が中心

[2]背景

a　17世紀末の「権利の章典」で私的所有権が事実上保障される→人々の経済面での意欲が向上

b　(^{2}　　　　　　　　)貿易の確立→イギリス内に富が蓄積

c　インド産綿織物(キャラコ)の人気→輸入代替工業化に商機

[3]展開

a　石炭を動力源とする(^{3}　　　　　　　　)の実用化が産業革命を推進

b　紡績機械の発明が織布過程の機械化をうながすなど(^{4}　　　　　)的に技術革新が進む

アプローチ①

_____

_____

_____

▶社会の変化

[1]生産の担い手

知識をもった職人から不熟練賃金労働者へ

→労働者を雇う資本家に有利な生産システムが確立 = (^{5}　　　　　　)主義

[2]労働条件の悪化

労働者の賃金水準や労働環境などは劣悪、過酷な児童労働もおこなわれる

→マルクスやエンゲルスは働く人々の境遇改善をめざす思想を展開 = (^{6}　　　　　)主義

[3]生活条件の悪化

(^{7}　　　　　　　　　　)革命によって工場を農村部にも建設できるようになる

→新たな工業都市が生まれたが、水・大気・衛生など生活環境は劣悪

▶他国への産業革命の普及

[1]他国の反応

イギリス産の安い製品の輸出増大をみて、自国経済の強化をめざす

→ベルギー・仏・米・独・日・露などで産業革命が進行:上からの(^{8}　　　　　　　　　)

2 第2次産業革命

19世紀後半に(9　　　　　)を動力源とする重化学工業へ移行

→政府主導で工業化を進める(10　　　　　)と、広大な国内市場を有する(11　　　　　)が中心

3 経済的な世界の一体化

産業革命に至らなかった国や地域は(12　　　　　)・(13　　　　　)となる

→財(商品)の移動(貿易)において世界中が大きなネットワークに組み込まれていく

▶ 交通と情報の革命

1 交通手段の発達

19世紀前半に蒸気船や蒸気機関車が実用化され、移動の速度や量が向上

→(14　　　　　)・外国旅行・探検などが容易になる

2 情報伝達手段の発達

ヒトの移動の活発化によって世界の一体化が加速

→情報の伝達速度の向上も求められるようになり(15　　　　　)の敷設が進む

アプローチ②

アプローチ③

●18世紀から始まる技術革新の波は、世界をどのように変えたのだろうか？

4 中国の開港と日本の開国　教科書 p.34〜37

① アヘン戦争とペリーの日本来航に共通する点はどのようなことだろうか。
② アメリカ合衆国は、日本に何を求めて開国をせまったのだろうか。

ペリーの横浜上陸(1854年)(横浜開港資料館蔵)

テーマへのアプローチ①欧米諸国が清の開港を求めた理由と日本の開国を求めた理由は、どのように異なるのだろうか。	②清の開港と日本の開国では、その内容はどのように異なるのだろうか。	③欧米諸国の進出に対して、日本や清はどのように対応したのだろうか。

▶アヘン戦争

1 アヘン戦争

背景：18世紀後半、(¹　　　　　　)が銀によって清から茶を買いつける貿易が増加

→イギリス商人は銀が不足するとインド産のアヘンを清に密輸し、銀を現地調達

　　→清はアヘン貿易を禁止。(²　　　　　　)が取り締まると(³　　　　　)戦争(1840〜42年)に発展

2 南京条約

イギリスは清を圧倒し、1842年に(⁴　　　　)条約を調印

　　a　清はイギリスに(⁵　　　　)を割譲

　　b　(⁶　　　　)を含む5港を開港させ貿易の開始

　　c　(⁷　　　　)は一定に決められ、イギリスが(⁸　　　　　　　)をもつことを承認

→アメリカ・フランスとも同様の条約を調印→しかし、貿易は順調に進展せず

3 第2次アヘン戦争

1856年、イギリスはフランスとともに再度の軍事力行使を決意し(⁹　　　　　　　)戦争を始める

→清政府は国交の必要性を痛感し、総理衙門を設置。各国公使の北京常駐、アヘン貿易の合法化を承認

4 洋務運動

太平天国の内乱後、清は欧米諸国の協力のもと富国強兵をはかる：(¹⁰　　　　　)運動(1860年代)

アプローチ①

▶日本の開国

1 アヘン戦争の影響

18世紀末、幕府はロシアの貿易要求を退けて「鎖国」を継続

→アヘン戦争後、欧米諸国は日本や琉球、朝鮮にも開港を求めるが、幕府は「鎖国」を見直さず

2 ペリー来航

1853年、アメリカ使節ペリーが4隻の軍艦で浦賀沖に来航

アメリカの目的：中国への太平洋横断航路、北太平洋での捕鯨船の補給地としての日本の開港

→1854年、軍事的な威圧を受けた幕府は、(¹¹　　　　　　)条約を調印

　　a　一方的な最恵国待遇を与える　　b　下田・箱館の開港(ただし、貿易には至らず)

→イギリス・ロシアなどとも開港を定めた条約を調印

③日米修好通商条約

第２次アヘン戦争の情報やアメリカ総領事ハリスの要求→(¹² 　　　　　　　　)条約調印(1858年)

    a   箱館・神奈川・長崎・新潟・兵庫の開港、江戸・大坂の開市

    b   自由貿易   c   一方的な最恵国待遇を与える

    d   関税率は一定に決められ、アメリカが領事裁判権をもつことを承認

→オランダ・ロシア・イギリス・フランスとも同様の条約を調印：(¹³ 　　　　　　　　)条約

    ただし、外国人の商業や居住は、(¹⁴ 　　　　　　)に制限

アプローチ②

_____

_____

_____

アプローチ③

_____

_____

_____

▶世界経済のなかの東アジア

①貿易の始まり

東アジア各地に開港場が設置

→清・日本は欧米諸国に生糸や茶などを輸出、日本はイギリスから毛織物や綿織物を輸入

  →東アジアの開港場間でも商品・人・情報の行き来が日常化する

②移民の始まり

開港以後、東アジアから世界各地への(¹⁵ 　　　　　)がさかんになる

  清：18世紀から東南アジアへの移民がみられる

      19世紀半ばには南北アメリカ諸国へも大規模な移民が渡航

  日本：開国後も日本人の海外渡航は禁止。1866年、日本人の海外渡航解禁→1868年、ハワイに初の移

      民が渡航

_____

_____

_____

_____

●清の開港と日本の開国によって、東アジアはどのように変わったのだろうか？

_____

_____

_____

_____

^第2^章 国民国家と明治維新

▌1▌ 市民革命　　教科書 p. 40～43

① 教科書の①では、政府は何のためにつくられるとされているのだろうか。
② ②③の風刺画は、革命前の3つの身分を3人の人物で表現している。市民革命の担い手は、それぞれの絵のなかのだれだろうか。

_____

_____

_____

_____

「第三身分の目覚め」

テーマへのアプローチ①市民革命が実現しようとした社会は、どのようなものだろうか。	②市民革命はどのように展開したのだろうか。	③なぜこの時期に、大西洋の両側で革命や革命的な動きが広がったのだろうか。

▶アメリカ独立革命

１背景

16世紀末から(¹　　　　　　)が北アメリカ東部で13の植民地(独立後の邦・州)を建設

→18世紀後半から、財政難の本国が、植民地に対する貿易統制や課税強化を開始

２展開

植民地は本国に抗議(第1回大陸会議、1774年)

→1775年に開戦、13の植民地は大陸会議のもとで結束し、(²　　　　　　)(1776年)を発表

　→(³　　　　　　)の支援もあって、パリ条約(1783年)で独立が認められる

３独立後

(⁴　　　　　　)・三権分立・連邦主義を特徴とする合衆国憲法を制定(1788年発効)

→独立とともに新たな社会を実現したとして、アメリカ独立は市民革命と評価される

アプローチ①

_____

▶フランス革命

１背景

　a　第一身分(聖職者)・第二身分(貴族)が免税などの特権をもつ身分制社会に第三身分(平民)の不満が高まる

　b　財政難に加えて不作続きで社会不安が増大

→国王は三部会を開き事態打開をはかる(1789年)

２展開

　a　三部会は(⁵　　　　　　)へ改組

　b　武器を得るためにバスティーユ牢獄を市民が襲撃

　→国民議会は基本的人権や国民主権をうたった(⁶　　　　　　)を発する

　c　革命を警戒する周辺諸国と(⁷　　　　　)へ

　→対外危機を通して革命は急進化し共和政へ移行

３収束

ロベスピエールらによる革命の徹底は強い賛否両論をまねく→政局は混乱

アプローチ②

_____

_____

▶ナポレオンの帝国

①台頭

長引く政治的混乱と対外危機→強い指導者を求めた人々は軍人ナポレオンに注目

②政策

    a   戦勝を背景にクーデタで最高指導者となり、(8   )を経て皇帝となる

    b   革命の遺産の継承と社会の安定をめざして(9   )を制定

③失脚

一時は大陸の広範囲を支配したが、のちにスペイン反乱・ロシア遠征など敗戦が続いて1815年に退位

▶市民革命の世界的衝撃

①従来のラテンアメリカ

15～16世紀以来、ヨーロッパ諸国による植民地化が進む

→階級社会(クリオーリョ・先住民・(10   ))を形成

②革命的動きの波及

アメリカ独立やフランス革命の影響で奴隷解放や独立の動きが活発化

    a   (11   )が世界初の黒人共和国としてフランスから独立

    b   ほかでは植民地生まれの白人(12   )を指導者とする独立運動が進む

アプローチ③

●市民革命は社会をいかに変えたのだろうか?

2 国民国家とナショナリズム　教科書 p. 44～47

🔍① 人々が共通する歌を「国歌」としたり、共通する言語を「国語」として使用したりするのはなぜだろうか。

義勇兵に登録するフランスの人々(1793年)

| テーマへのアプローチ①国民を統合するためには、何が必要なのだろうか。 | ②国民国家は、どのような影響や課題をもたらしたのだろうか。 | ③国民国家を形成しようとする動きが、19世紀になって広まったのはなぜだろうか。 |

▶国家統一と改革　▶国民、国家、ナショナリズム

1 ナポレオン後のヨーロッパ
イギリスの(¹　　　　　　)やアメリカ・フランスの市民革命の衝撃
→イギリスなどへ追いつくための方法が各地で模索される→国家統一と改革

2 統一運動
小規模な領邦が併存していた(²　　　　　)と(³　　　　　)では統一運動が本格化
→それぞれ1861年と1871年に実現

3 改革の試み
ロシアで農奴解放(1861年)がおこなわれるなど各地で改革が試みられる

4 国民国家
イギリスなどへ追いつくには、均質なひとつの集団となって力を結集するのが近道
→共通のアイデンティティをもつ「(⁴　　　　)」からなる「(⁵　　　　　)」をめざす
　→教育などを通じて、多様な人々に国家への愛着((⁶　　　　　　　))をもたせていく

アプローチ①

▶独立後のアメリカ

1 独立後の問題
領土を大陸西部へと拡大する、「(⁷　　　　)運動」を展開
　a　先住民は先住民強制移住法で追いやられる
　b　北東部は工業化→労働力としてヨーロッパ諸国から大量の(⁸　　　　)が流入
　c　南部ではプランテーション農業が発達→労働力として(⁹　　　　　)を使う

2 南北戦争
(¹⁰　　　　)貿易と奴隷制肯定を主張する南部と、それに反対する北部が内戦へ
→戦中に大統領(¹¹　　　　　)が奴隷解放を宣言、経済力にまさる(¹²　　　　)が勝利
　→国内が統合されたアメリカでは工業が発展し第2次産業革命へ

▶オスマン帝国とガージャール朝の動向

1 オスマン帝国
13世紀末に成立、多様な人々が構成するゆるやかな統治体制
→18世紀後半からイギリスや(¹³　　　　　)の進出が激化

②改革運動

a　ヨーロッパの支援を受けたギリシアが独立（1829年）

b　エジプトが総督ムハンマド゠アリーのもとで自立をはかる（1833年）など支配体制の動揺

→宗教の自由と平等をうたうオスマン主義のもとで（14　　　　　　　　　　　　　）憲法を発布

　　→対露戦争をきっかけに憲法を停止したあとはスルタン（支配者）によるパン゠イスラーム主義が台頭

③ガージャール朝

近代化を急いだ結果、イギリス・ロシアからの借款が急増し財政破綻

→政権と列強への批判が強まるなかで（15　　　　）人の民族意識が高まる

　　→20世紀初頭には国民議会開設と憲法公布が実現（立憲革命）

アプローチ②

_____

_____

_____

アプローチ③

_____

_____

_____

_____

_____

_____

_____

_____

_____

_____

_____

_____

_____

●国民国家とは何だろうか？

_____

_____

_____

_____

① 教科書の①で、山内と岩倉は、何について争っているのだろうか。
② ②の「皇帝の約束」とは何を指しているのだろうか。
③ ②で、なぜ日本の「議会制憲法」は「政治的進歩」と評価されたのだろうか。

> もう21年前のことになるが、現在の皇帝〔天皇〕は帝国の貴族と諸侯に約束して、皇帝の政府が将来、世論と国民「代表」の意向に沿って「運営される」ようになると述べた。……ここに皇帝の約束は果たされた。……東洋の地で、周到な準備の末に議会制憲法が成立したのは何か夢のような話だ。……それは、解体した封建制度から新しい秩序を発展させようとする考え抜かれた企てだ。この点で、世界のほかの地域にみられる政治的進歩の方向に沿うものだ。
> （『外国新聞に見る日本』）

イギリスの新聞『Times』の論説（1889年3月23日）

テーマへのアプローチ①開国以後、幕府の支配はなぜ動揺したのだろうか。	②政治参加を求める動きの担い手は、この期間を通してどのように変化したのだろうか。	③日本で成立した立憲政治には、どのような可能性と限界があったのだろうか。

▶ **幕末の政治変動**

①明治維新の背景

ペリー来航（1853年）→開国問題をめぐり、有力大名の政治参加を求める動き

　　a　（1　　　　　　　）条約（1858年）：天皇の許可なく幕府が調印

　→幕府批判高まる→大老井伊直弼の暗殺

　　b　（2　　　　　　　）運動：条約破棄や対外戦争を求める

②天皇権威の高まり

　　a　薩摩藩：天皇からの命令を奉じ幕府に改革をせまる→有力大名の政治参加が進む

　　b　長州藩：朝廷に働きかけ幕府に攘夷の実行命令を出させる→長州藩による外国船砲撃

　→報復攻撃を受け敗北

③結果

新統一政権構想の衝突

→（3　　　　　　　）（1867年）：徳川慶喜・土佐藩、天皇のもとでの有力大名の連合政権構想

　　⇔薩長同盟は（4　　　　　　　　　）で徳川氏を排除した新政府を発足→戊辰戦争

アプローチ①

▶ **新政府による変革**

①国会開設の出発

（5　　　　　　　）：天皇の誓約により「会議」「公論」による政治を約束

　　　　　　　「列侯会議」から「広く会議」に修正→国会開設の出発点に

②中央集権化

版籍奉還（1869年）：大名は土地・人民の支配権を天皇に返還⇔徴税・軍事権残る

（6　　　　　　）（1871年）：大名の徴税・軍事権を否定し知藩事を排除・政府が全国を直轄支配

江戸を東京と改称し、首都を京都から移転

③身分制度の解体

華族・士族・平民に再編成→身分間の通婚や移住・職業選択の自由化・徴兵令により兵役の義務化

→士族の武力反乱おこる。(⁷　　　　　)戦争(1877年)が最大・最後→以降は言論闘争

※被差別身分の差別は残存

④財政の安定化

(⁸　　　　　　　):個人の土地所有権を公認。土地売買可能に→近代的土地所有

→政府が地価を設定し、3%(のち2.5%)の地租を土地所有者が定額で金納する仕組みに

　　→商品経済の浸透により、地主と小作農に分解(地主制度)

▶ 立憲国家の成立

国民の政治参加は欧米国力の源泉として注目を集める→政府・民間それぞれで実現の動き

a　民権派：(9　　　　　　　　)運動の始まり

　　板垣退助らが民撰議院設立の建白書を政府に提出(1874年)

→担い手の変化：政府に不満をもつ(10　　　　　　)に、やがて富裕な(11　　　　　　)なども加わり全国に

　　　　　　　拡大

※五箇条の誓文が運動の正当性を支える関係

b　政府：1890年の国会開設を約束(1881年)→自由民権運動を鎮静化し政府の主導権を確保

　　　　欧米流の憲法・議会の必要性を認識→ドイツ流憲法制定の方針を固める

→(12　　　　　　　　)憲法の発布(1889年)

　Ⅰ　特徴：天皇主権・強大な天皇大権

　→立憲君主制：第4条で各大権は憲法に規定された諸機関を通じてのみ行使可能

　＊とくに予算・法律は(13　　　　　　　)(貴族院・衆議院)の同意必要

　　国民は「臣民」とされ、法律の範囲内で言論・出版・集会・結社・信教の自由

　Ⅱ　課題：公選は衆議院のみ。選挙権は男性・満25歳以上・直接国税15円以上の納税者に制限

　　　　　　薩摩藩・長州藩出身者による内閣独占

　　　　　　元老による首相の推薦権(元老は憲法外)

　⇔選挙の結果、旧民権派優勢に

　Ⅲ　展開：初の政党内閣の成立(1898年)。第1次大隈重信内閣(憲政党に基盤)

　→憲法と議会により日本は国民が政治に参加する立憲国家に

アプローチ②

_____

_____

▶ 文明開化と国民統合

1 文明開化

西洋文明の紹介(福沢諭吉ら)

→西洋の風俗の取り入れ：洋装の制服採用・(14　　　　　　)の採用・欧米人教師の招聘など

例：東京の煉瓦街。ただし、農村では浸透が進まず旧来の慣習が残る

2 国民統合

神道の国教化→失敗に終わるが政府の保護により普及

3 義務教育

a　(15　　　　　　)公布(1872年)→小学校令(義務化、1886年)

　　義務教育の明確化(1890年)→4年間と定まる(1900年)→6年間に延長(1907年)

b　教育勅語(1890年)：天皇の神格化。教育への国家統制強まる

アプローチ③

_____

_____

_____

_____

_____

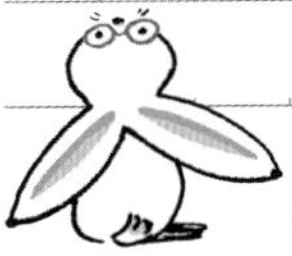

●日本はどのようにして国民が政治に参加する国になったのだろうか？

4 日本の産業革命　教科書 p.54〜57

① 教科書の1⃣3⃣にみられる工女の人数と機械の違いには、どのような意味があるのだろうか。
② 日本はどちらかの産業に特化して、資源や生産を集中させることをなぜ選ばなかったのだろうか。
③ 生糸は幕末でも日本の輸出品であった。明治時代後半に、その製造方法はどのように変化したのだろうか。

大阪紡績会社三軒家工場(リング精紡機室)(国立国会図書館蔵)

テーマへのアプローチ①自由貿易にもとづく国際経済の枠組みは、日本の産業革命にどのような影響を与えたのだろうか。	②日本の産業革命の中心となった紡績業と製糸業には、どのような違いがあるのだろうか。	③産業革命前後では、機械の動力、生産量、労働者に求められる技術、原料の調達方法はどのように変化したのだろうか。

▶19世紀後半の国際環境と在来産業

1⃣自由貿易の拡大

19世紀に進展した交通革命とイギリスが中心の国際金融システムの構築
→19世紀後半、(1　　　　　　　　)にもとづく国際経済の枠組みが形成

2⃣開国後の日本産業

安政の五カ国条約で国際経済の枠組みに加わるも、(2　　　　　　　　)で外国資本の直接侵入を防ぐ

 a (3　　　　　　)や茶の輸出で大きな利益をあげる

 b 綿織物業は安価な綿織物の輸入により打撃→原材料を輸入の(4　　　　　　)に切りかえ発展

*居留地貿易と国内産業の発達により、全国に(5　　　　　　)層が形成→産業革命を資本面で支える

▶近代産業の基盤形成

1⃣(6　　　　　　)政策

自由貿易に対応できる国際競争力をつけるため、政府は欧米諸国からの技術導入で近代産業を育成
→技術導入は成功。財源の確保と業績不振に苦しみ官業払い下げが進行→担い手は民間(企業)に移行

2⃣貨幣制度の発足

(7　　　　　　)制定(1871年):円・銭・厘を単位に金貨が基準、アジアにあわせて貿易銀も併用
→国立銀行条例制定(1872年):兌換銀行券の発行めざすが、紙幣への不信から不換紙幣を継続発行

3⃣松方財政

(8　　　　　　)が大蔵卿に就任(1881年):不換紙幣の増発による激しいインフレーションに対応

 a きびしい緊縮財政を実施し、不換紙幣を整理

 b 中央銀行である(9　　　　　　)を設立→1885年から銀兌換券発行(銀本位制を確立)

4⃣金本位制の確立

日清戦争の賠償金を利用し(10　　　　　　)に移行(1897年)→貨幣価値と為替相場の安定で貿易が発展

アプローチ①

1 産業革命

1880年代半ば、紡績業や鉄道業を中心に民間企業の設立ブームがおこる：(11   )

→1900年初頭までには産業革命に突入→機械技術を用いる近代産業が発達→就業者人口が本格的移動

2 綿紡績業

政府の奨励で、輸入機械による綿紡績業が始業(1870年代後半)

 a 渋沢栄一らが(12   )会社を開業(1883年)→輸入綿花と蒸気動力で業績成長

 b 全国各地で民間紡績会社の設立があいつぐ

 c 1890年、綿糸の国内生産量＞輸入量→日清戦争で海外市場を得て1897年、輸出量＞輸入量

 ⇔紡績機械と原料綿花の輸入依存により、貿易は赤字に

3 製糸業

国産の製糸器械と国産の繭からつくられる生糸は明治期における貴重な(13   )産業

 a 1880年代末、(14   )が発達→1890年代半ば、器械製糸の生産量＞座繰製糸の生産量

 b 1900年代、アメリカ市場向けを中心に、世界最大の生糸輸出国に成長

4 鉱工業

鉱山業：三井・三菱などの政商は政府から優良鉱山の払い下げを受け、機械化により生産拡大

    工業用燃料や素材として国内で利用。一部は輸出で外貨を獲得

造船業：官業払い下げを起点に民間の造船所が発展

→鉱工業の発展で、政商から(15   )に成長する者の出現

アプローチ②
_____

_____

アプローチ③
_____

_____

_____

_____

_____

_____

●日本の産業革命が、イギリスの産業革命に比べてきわめて短期間で達成されたのはなぜだろうか？

_____

_____

_____

5 帝国主義　教科書 p. 58〜61

イギリスの政治家ローズの風刺画
(『PUNCH』イギリス、1892年)

教科書①の問い

① 彼の持ち物は何だろうか。　② 彼が踏みしめているのは何だろうか。

③ これが漫画の１コマだったとしたら、この前にはどのようなコマがあるだろうか。また、この次のコマには何が描かれるだろうか。

教科書②③の問い

① なぜ②③の文化財がパリやローマにある(あった)のだろうか。

テーマへのアプローチ①欧米諸国はなぜ植民地化を進めたのだろうか。	②植民地化はどこで、どのように進んだのだろうか。	③植民地とされた地域の社会は、どのように変わったのだろうか。

▶帝国主義

1 帝国主義：植民地獲得を正当化する思想・政策

　　a　経済的背景：19世紀に入り、イギリスの影響を受けた諸国でも工業化が進展

　　→(1　　　　　　　)の獲得が各国の重要な課題となり、植民地に注目が集まる

　　b　侵略を可能にしたもの：科学技術の発展や(2　　　　)制による軍事力増強

　　c　展開：(3　　　　　　　)に続きフランス・ベルギー・オランダも帝国主義化

　　→19世紀後半はとくに(4　　　　　　)への侵略が激化

2 正当化の論理

列強は植民地を「(5　　　　　　)」する使命を負っていると自称

3 国民国家との関係

国民統合の進展は侵略をうながし、一方で植民地獲得は国民統合をうながす

　　→(6　　　　　　)化と帝国化がほぼ同時に進行

アプローチ①

▶侵食される西アジア・中央アジア

1 地域性

南下政策のロシアとインド拠点のイギリスが覇権争い(グレート = ゲーム)する場

→原料供給地や製品市場として侵略されたアフリカなどとは様相が異なる

2 経済的従属

　　a　オスマン帝国：独立は保つが経済面で列強に従属

　　　　　　　　　(7　　　　　　　　)との通商条約で関税自主権を失う

　　b　ガージャール朝イラン：独立は保つが経済面で列強に従属

　　　　　　　　　　　(8　　　　　　　)との不平等条約で関税自主権を失う

　　c　エジプト：財政難から(9　　　　　　)会社の株式を売却

　　　　　　　　(10　　　　　　　)の経済的支配が強まる

▶南・東南アジアの植民地化と社会の変容

①南アジア

17世紀からイギリスが進出、当初はインド産の綿織物を買いつける

→イギリスの産業革命以降、インドはイギリスの(^{11}　　　　　　　　　　　)へ転落

　→インド人傭兵の蜂起鎮圧を機に19世紀後半にはイギリスが直接支配へ

②東南アジア

列強により各地で海外市場向け商品が盛んに生産される

　a　オランダ：インドネシアで(^{12}　　　　　　)制度によりコーヒーやサトウキビを生産

　b　スペイン：フィリピンへ進出したが、19世紀末に(^{13}　　　　　　)に奪われる

　c　イギリス：中国・インドからの(^{14}　　　　　　)を労働力にマレー半島でゴム・錫を生産

　d　フランス：ベトナム・カンボジア・ラオスを保護国化

＊(^{15}　　　　　　)：英・仏の植民地に挟まれるも独立を保ち、国王主導で近代化政策をおこなう

アプローチ②

アプローチ③

●帝国主義の出現は、世界をどのように変えたのだろうか？

6 変容する東アジアの国際秩序　教科書 p.62〜65

① なぜ日本と清は朝鮮で戦ったのだろうか。
② 日本と清は何を争ったのだろうか。
③ 教科書の②では、日清の争いで利益を得る国はどこだといっているだろうか。

ビゴー「ソウルへ行軍する日本軍」（1894年）（国立国会図書館蔵）

テーマへのアプローチ①明治維新後の日本は、どのようにして主権国家をめざしたのだろうか。	②朝鮮の近代化は、どのような国際関係のなかで模索されたのだろうか。	③日清戦争により、東アジアをめぐる国際関係はどのように変わったのだろうか。

▶ 条約と国境

1 明治維新後の日本

欧米と対等な主権国家の確立をめざす動き

→領事裁判権の撤廃や関税自主権の獲得を求める⇔岩倉使節団、条約改正の予備交渉に失敗

2 領土画定

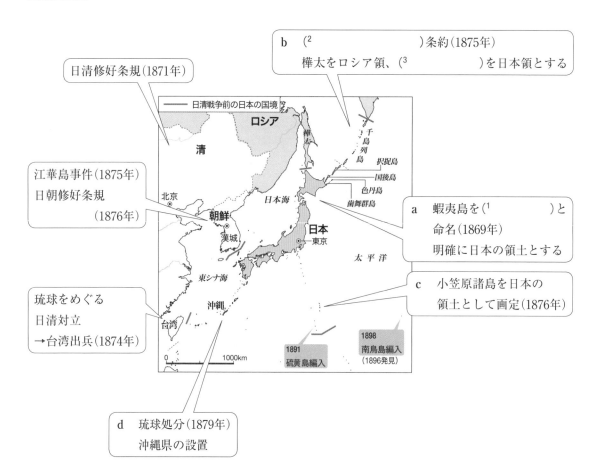

b （² 　　　　　　　　　）条約（1875年）
　樺太をロシア領、（³ 　　　　　　　）を日本領とする

日清修好条規（1871年）

江華島事件（1875年）
日朝修好条規
　　　　　（1876年）

琉球をめぐる
日清対立
→台湾出兵（1874年）

1891
硫黄島編入

1898
南鳥島編入
（1896発見）

a 蝦夷島を（¹ 　　　　　）と
　命名（1869年）
　明確に日本の領土とする

c 小笠原諸島を日本の
　　領土として画定（1876年）

d 琉球処分（1879年）
　沖縄県の設置

③ 清・朝鮮・琉球との関係

a　清：日清修好条規(1871年)でたがいに開港、領事裁判権を認め合う

b　朝鮮：(⁴　　　　　　　　　)(1876年)締結

背景：朝鮮側は条約交渉拒否→日本で征韓を求める声高まる→江華島事件(1875年)

内容：朝鮮を「(⁵　　　　　　　)」と位置づけ、日本側のみ領事裁判権を得る

　　　　朝鮮は釜山など3港を開く

c　琉球：琉球処分(⁶　　　　　　)の設置強行

背景：台湾に漂着した琉球人の殺害をめぐり、日本と清が対立→(⁷　　　　　　　　)(1874年)

　→日清和解後も日本は琉球に清への服属をやめるよう命じ、琉球併合(琉球処分)

アプローチ①

▶ 朝鮮の近代化と日清の対抗

1 朝鮮の開国と清の対策の転換

朝鮮：清に朝貢、内政は自立⇔欧米諸国とは関係をもとうとせず

→日朝修好条規(1876年)により開国

　　→清の李鴻章は、日本を警戒しアメリカと朝鮮とのあいだに条約を結ばせる

2 朝鮮国内の状況

　a　朝鮮をめぐる日清の対立が深まるなかで、近代化政策を模索

　⇔(8　　　　　　　)(1882年)：不満をいだく兵士が反乱、民衆も加わり、日本公使館襲撃

　　→清が軍事介入して鎮圧。日本も派兵し、清の仲介で朝鮮から謝罪を得るが、完全撤兵はせず

　b　朝鮮国内の変化

　(9　　　　　　)：朝鮮の維持と近代化をめざした勢力

清と連携することで安定を維持しようとする勢力	⇔	日本と連携して清からの独立をめざす勢力

　c　(10　　　　　　)(1884年)

背景：清仏戦争の勃発で、朝鮮に対する清の影響力弱まる

展開：金玉均や朴泳孝らが日本公使館の支援を受けてクーデタ実施→日清両軍が朝鮮半島へ

　　　→(11　　　　　)率いる清軍に敗北

　→(12　　　　)条約(1885年)：日清両軍の同時撤兵。朝鮮派兵に際しては相互事前通告

3 清の軍事力強化

李鴻章、北洋海軍の充実⇔日本も清に対抗して軍事力増強

アプローチ②

▶ 条約改正と日清戦争

1 日本の条約交渉の進展

領事裁判権の撤廃をめざす

背景：外国人が(13　　　　　　)するため、西洋流の法典整備へ

→民法・商法の公布(1890年)：フランス人法学者ボアソナードらにより起草

　　→(14　　　　　　　)条約(1894年)以降、条約改正が進み、領事裁判権撤廃

2 日清戦争(1894〜95年)

背景：朝鮮で大規模な農民反乱(甲午農民戦争)発生→日清両軍の出兵

→日本、清に対して朝鮮の内政改革を共同で実施することを提案⇔清は拒否し、日清両軍の撤退主張

展開：日本、朝鮮の王宮占領、清と軍事衝突→日本の勝利

結果：(15　　　　　)条約(1895年)

　　　　清は朝鮮の独立を承認。日本は清より遼東半島・台湾・澎湖諸島の領有権と2億両の賠償金獲得

3 三国干渉(1895年)

ロシア・フランス・ドイツ、日本に(16　　　　　　)放棄を求め、日本は従わざるをえず

アプローチ③

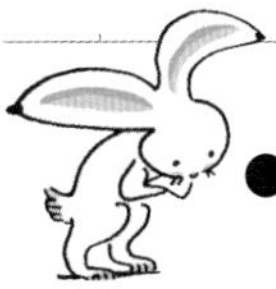

●日清戦争はどのようにしておこり、その後の東アジアにどのような影響を与えたのだろうか？

7 日露戦争と東アジアの変動　教科書 p.66〜69

教科書①②の問い

① 義和団はなぜ鉄道・電線・汽船をこわそうとしたのだろうか。

② 都の北京まで多国籍軍に占領されたのに、なぜ中国分割はおこらなかったのだろうか。

教科書③の問い

① ③のなかで、中国人は何をしているのだろうか。　② ③の作者は何を訴えたかったのだろうか。

時局図

テーマへのアプローチ①欧米列強や日本の中国進出は、どのようにして進んだのだろうか。	②日露戦争により、東アジアをめぐる国際関係はどのように変わったのだろうか。	③清を倒す辛亥革命はなぜ始まり、その結果、中国はどのように変わったのだろうか。

▶模索する清

①列強の中国における勢力拡大

背景：日清戦争での清の敗北

- a　ドイツ：膠州湾租借　b　ロシア：遼東半島の(1　　　　)・(2　　　　)租借
- c　イギリス：香港の北の地区(新界)・威海衛租借　d　フランス：広州湾租借

②清国内の状況

背景：日清戦争敗北による危機感

- a　(3　　　　　　)(1898年)：康有為らが日本の明治維新にならった改革を皇帝に提案・実施
  - →急激な改革に反対する勢力(西太后・袁世凱ら)による政変で失敗
- b　義和団戦争(1900〜01年)
  - Ⅰ　第2次アヘン戦争でキリスト教の布教承認→改宗した民衆と反発する民衆の対立激化
  - →キリスト教の排斥をめざす民衆運動から(4　　　　　)おこる。天津・北京でも外国人襲撃
  - Ⅱ　清は義和団を利用して列強と戦うよう呼びかけ⇔列強8カ国は出兵、鎮圧し北京占領
  - Ⅲ　清の敗北。外国軍隊の北京駐留を承認し賠償金を支払う。ロシアは(5　　　　　)地域を軍事占領

③日清戦争後の朝鮮

清と対等な国であることを示すため(6　　　　　)(韓国)と改称(1897年)⇔ロシアを後ろ盾とする

アプローチ①

▶日露戦争

①日露戦争(1904〜05年)

背景：義和団戦争を機に、ロシアが満洲地域を軍事占領

→日本、ロシア勢力が韓国へもおよぶことを恐れる

- →ロシアに対抗して(7　　　)同盟(1902年)締結。ロシアとの満韓交換の交渉は失敗→開戦
- Ⅰ　日本は旅順・奉天を占領し日本海海戦でも勝利したが国力を消耗
  - ロシアは国内の革命運動で社会不安が高まる

Ⅱ　(8　　　　　　　　)の仲介により、講和条約(ポーツマス条約)締結

→日本は(9　　　　　　)の保護権、旅順・大連租借地、長春〜旅順間の鉄道利権、

北緯50度以南の(10　　　　　　　　　)を得るも、賠償金を得ることはできず

＊日露戦争はドンズー運動などアジア各地の近代化・民族主義運動に影響を与える

② 日本の帝国主義国家化

a　韓国支配：日露戦争中にアメリカのフィリピン支配・イギリスのインド支配と相互承認

→ポーツマス条約でロシアに韓国保護権を認めさせる

b　第2次日韓協約(1905年)：統監が韓国の外交権を掌握し、(11　　　　　)化

→韓国国内の(12　　　　　)などの抵抗運動を弾圧し、韓国を(13　　　　)(1910年)

c　第1次日露協約(1907年)：アメリカが満洲市場に介入するのを日露が協調して阻止

d　日米関係：日系移民排斥もあり、日米関係冷却化

　　　　　　　太平洋の現状維持・中国の領土保全・機会均等を日米で確認(1908年)

アプローチ②

_____

_____

▶ 辛亥革命

辛亥革命(1911〜12年)

背景：「新政」＝義和団戦争後の改革。科挙廃止・軍制改革→日本への留学生増、軍に若い士官集まる

　　　孫文が東京で(14　　　　　　　　)結成(1905年)→留学生・華僑・軍隊へ革命思想を広める

Ⅰ　武昌の軍隊が蜂起し臨時革命政権発足。多くの省も清からの独立を宣言

⇔清は(15　　　　　　)を内閣総理大臣に起用し対抗

Ⅱ　帰国した孫文と革命勢力は南京で(16　　　　　　)政府を発足(1912年)

Ⅲ　袁世凱は革命勢力と相談して宣統帝を退位させ、中華民国の臨時大総統となる(都：北京)

アプローチ③

_____

_____

_____

_____

●列強の対立が激しくなるなか、東アジアはどのように変わったのだろうか？

_____

_____

_____

近代化と現代的な諸課題

❶ 開発・保全 教科書 p. 70〜71

▶環境汚染

① ①②の問題について、なぜ対策が遅れたり、徹底した対策がとれなかったりしたのだろうか。現代の私たちとは異なる、当時の人々の状況や考え方などに着目して考えてみよう。

② その後、これらと似た構造の問題は発生していないだろうか。

▶環境保全への試み

③ ④について、"TOWN" "COUNTRY" "TOWN-COUNTRY" の 3 つは、それぞれどのような特徴をもつ居住空間だとされているだろうか。

④ あなたなら 3 つのうち、住むのにどこを選ぶだろうか。それを選んだ理由も含めて、まわりの人と意見交換をしてみよう。

⑤ 現在に至るまで、大都市に住む人々の割合は圧倒的に多い。なぜ Garden City や田園都市は、居住空間として一般的にならなかったのだろうか。

◆現代社会にも、「開発・保全」に関係した問題は数多く存在している。その具体的な事例をあげて、開発と保全のバランスに着目して考えてみよう。

_____

_____

_____

_____

_____

❷ 対立・協調 教科書 p. 72〜73

▶大政奉還と王政復古の大号令（日本）

① １３について、この時期にはどのような危機感が生じていたと触れているだろうか。

_____

_____

② １３について、両勢力は何をめざしたのだろうか。両者の共通点と対立点について、とくに下線部のもつ意味を考えながら整理してみよう。

_____

_____

_____

_____

_____

③ １３では、実は共通の政権構想が描かれている。その具体的な内容はどのようなものだろうか。

_____

_____

_____

④ ２４の奥に座る人物はそれぞれだれだろうか。この場にのぞむ 2 人の立場はどのように異なるのだろうか。

_____

_____

_____

▶中国（清）の対外政策

⑤ ６の㋐はどのようなできごとを機に生じたのだろうか。また７の㋑㋒は具体的にどのようなできごとを指しているのだろうか。

_____

_____

_____

_____

🖉⑥ ⑥について、李鴻章は中国の「自強」のために何が必要だと考えているのだろうか。

_____

_____

_____

🖉⑦ ⑦について、ヤングは李鴻章に何を助言し、李鴻章はそれに対してどのような姿勢を示しているのだろうか。

_____

_____

_____

_____

🖉⑧ ⑥⑦から、李鴻章はどのような思いで19世紀の清のあり方を模索していたのだろうか。

_____

_____

_____

◆現代社会にも、たとえば「総論は賛成だが、各論では反対」のような「対立と協調」は数多く存在している。その具体的な事例をあげて、「対立・協調」のバランスや両者の主張にみられる優先順位の違いなどに着目して考えてみよう。

_____

_____

_____

_____

_____

❸ 自由・制限 教科書 p.74〜75

▶イギリスの自由貿易政策

🖉① たとえば綿織物について、その貿易を制限したいのはどのような人だろうか。逆に、自由にしたいのはどのような人だろうか。

_____

_____

_____

🖉② この時期のイギリスが、国内の法を改正・廃止などして貿易の自由化を推進したのはなぜだろうか。

_____

_____

_____

③ ②の法を定めたことで、利益を上げるのはどのような人だろうか。

④ 世界貿易が拡大しはじめた19世紀中頃、日本はどのような貿易をおこなっていたのだろうか。

▶自由貿易と保護貿易をめぐる対立
⑤ 9 10のような、あい反する見解が出てくるのはなぜだろうか。

⑥ 11の演説で語られていることは実現したのだろうか。自由貿易の普及が生む問題はないのだろうか。

◆現代社会にも、「自由・制限」に関係した問題は数多く存在している。その具体的な事例をあげて、それが人々の生活や社会にどのような影響をおよぼしているか考えてみよう。

1 20世紀の国際関係の緊密化　教科書 p. 76

STEP INTO YOUR PLACE

第一次世界大戦への参戦をうながすポスター
（イギリス）

① ①～③について、第一次世界大戦までの戦争と、第一次世界大戦以降の戦争にはどのような違いがあるだろうか。

② ④の女性たちは何を訴えているのだろうか。またその背景には何があるのだろうか。

③ ⑤の資料をみて、気づいたことをあげてみよう。

④ ⑥の内容や状況をみて、感じたことをあげてみよう。

♣20世紀までに生じた２つの世界大戦は、どのような点で以前までの戦争と異なり、また国際社会や人々の生活にどのような変化や影響をもたらしたのだろうか？

● 「20世紀の国際関係の緊密化」に関するこれらの資料を読んで、気がついたこと、もっと知りたいと思ったこと、疑問に思ったことを書き出してみよう。

🔍① 1にふさわしい題名をつけてみよう。

「ソ連の社会主義の勝利は
保証されている」（ソ連、
1932年）

🔍② 1 2から、第一次世界大戦を機に国際社会にはどのような変化が生じたと考えられるだろうか。

🔍③ 3について、第一次世界大戦後、アメリカ合衆国は国際的にどのような立場をとっただろうか。

🔍④ 4 5について、1922年に成立したソヴィエト連邦はどのような国だろうか。またどのような点で世界に衝撃を与えたのだろうか。

♣第一次世界大戦後の国際社会で、なぜアメリカ合衆国とソヴィエト連邦は強い影響力をもつようになったのだろうか？

●「アメリカ合衆国とソヴィエト連邦の台頭」に関するこれらの資料を読んで、気がついたこと、もっと知りたいと思ったこと、疑問に思ったことを書き出してみよう。

3 植民地の独立　教科書 p.78

植民地数の推移(川北稔『ウォーラーステイン』より作成)

① 1から何がわかるだろうか。

② 2のグラフから、20世紀はどのような世紀だったといえるだろうか。

③ 3の国際連合加盟国数の増加の背景には、独立国の増加があげられる。どの年代にどの地域で独立国が増えたといえるだろうか。

④ 4 5について、国際連盟と国際連合では、植民地や独立国に対してどのような認識の違いがあったのだろうか。

♣第一次世界大戦・第二次世界大戦後には、植民地から多くの独立国が誕生した。このような状況が生じた背景には何があるのだろうか？

● 「植民地の独立」に関するこれらの資料を読んで、気がついたこと、もっと知りたいと思ったこと、疑問に思ったことを書き出してみよう。

4 大衆の政治的・経済的・社会的地位の変化 教科書 p. 79

① ①②のような広告は、人々がどのような行動をとることを期待して出されたもの
だろうか。

_____

_____

_____

② こうした情報がより広く人々に伝わるようにするうえで、重要な役割を果たした
ものは何だろうか。

ドイツ国民車の宣伝ポスター

_____

_____

_____

③ ④の人々が下線部のような行動をとるようになったことは、政治にとってどのような意味があったのだろ
うか。

_____

_____

_____

_____

④ 大衆社会において、ナチ党が⑤のようなポスターをつくったり、⑥の式典で自動車を展示したりしたのは
なぜだろうか。

_____

_____

_____

_____

♣近代に登場した「大衆」とは、どのような人々で、政治や経済・社会の展開と、それぞれどのような関係に
あったのだろうか？

_____

_____

_____

_____

_____

● 「大衆の政治的・経済的・社会的地位の変化」に関するこれらの資料を読んで、気がついたこと、もっと知
りたいと思ったこと、疑問に思ったことを書き出してみよう。

_____

_____

_____

_____

① ①の写真には、それまでと比べてどのような生活の変化がみられるだろうか。

_____

_____

_____

_____

大正時代創刊の大衆娯楽雑誌『キング』（日本近代文学館蔵）

② ②③のグラフにみられる新聞とラジオの普及の背景には、どのような社会状況の変化があったのだろうか。

_____

_____

_____

③ 大正時代に登場した④⑤にみられる職業婦人と、以前の工女（→教科書 p.54）との違いは何だろうか。

_____

_____

_____

④ 職業婦人が登場する前提として、どのような社会の変化が世界的にみられたのだろうか。

_____

_____

_____

⑤ ⑥について、当時の新聞では、なぜタイピストが女性の誇りと表現されたのだろうか。

_____

_____

_____

⑥ ⑧⑨のような雑誌は、社会の大衆化にどのような役割を果たしたのだろうか。

_____

_____

_____

⑦ ⑩のポスターには、実情とは異なる誇張がほどこされている。どのようなことだろうか。

_____

_____

_____

⑧ 11〜13の文化住宅のつくりには、この頃のどのような新しい生活様式が反映されているだろうか。

♣大正時代から昭和時代初期にかけてどのような新しい生活様式が浸透したのだろうか。その要因としてどのような社会状況の変化があげられるだろうか？

●「生活様式の変化」に関するこれらの資料を読んで、気がついたこと、もっと知りたいと思ったこと、疑問に思ったことを書き出してみよう。

1 第一次世界大戦の展開　教科書 p. 84〜87

① 教科書の②③はそれぞれどこで製作されたものだろうか。
② ②③はそれぞれ何を訴えようとしているのだろうか。
③ ④の新兵器はなぜ開発されたのだろうか。手前の塹壕との関係は何だろうか。

Are YOU in this?
第一次世界大戦中のポスター

テーマへのアプローチ①第一次世界大戦は、なぜ「大戦」となったのだろうか。

②第一次世界大戦は、それまでの戦争とどのような点で異なっていたのだろうか。

③第一次世界大戦は、各地の人々や社会にどのような影響をおよぼしたのだろうか。

▶第一次世界大戦の勃発と展開

1 背景
20世紀初頭までに多くの(1　　　　　)が成立→戦争が大規模になる危険性が増大

2 勃発
(2　　　　　　)での暗殺事件(1914年)をきっかけにオーストリアがセルビアに宣戦

→両国の同盟国が次々と参戦し世界規模の大戦争へ

3 展開
新兵器が登場する一方、(3　　　　)戦を典型とする防御重視の戦術もとられて長期化

→対応するため各国は(4　　　　)体制を採用、植民地からも物資や人員を動員

アプローチ①

アプローチ②

▶日本にとっての第一次世界大戦 ▶アメリカの参戦

1 日本の参戦
(5　　　　)同盟を根拠に連合国側で参戦(1914年)、中国や太平洋のドイツ領を占領

→中華民国へ(6　　　　　　)(1915年)を提出、国際的批判を浴びて一部を撤回

2 アメリカの参戦
伝統的な(7　　　)主義政策にもとづき開戦当初は中立

→大戦後の発言権確保などを背景に1917年に連合国側で参戦

　→西部戦線の膠着状態が崩れ、アメリカの影響力が増す

▶秘密外交の動揺とドイツの敗北

1 秘密外交
大戦中、みずからの利益を追求する国や地域のあいだで秘密外交が横行

→イギリスはアラブ人の独立とユダヤ人の国家建設を約束し、のちの(8　　　　　　)問題の端緒となる

②十四カ条の平和原則

ヨーロッパ国際政治の刷新をねらうアメリカのウィルソン大統領が発表(1918年)

→秘密外交の禁止や公海の自由、(9　　　　　　　　)、国際平和機構の設立などが内容

③休戦

ドイツはソヴィエト政権(1917年成立)と単独講和(1918年)し挟撃状態を脱したが、劣勢は挽回できず

→休戦を求める反乱が広がり皇帝は亡命、臨時政府は連合国と休戦協定を結ぶ

　　→新憲法が採択されて(10　　　　　　　　)共和国が成立(1919年)したが国内は不安定

▶第一次世界大戦の影響

①大戦中の各国

長期化・大規模化によって一般市民も動員される総力戦体制が構築

→戦後の労働者の地位向上や(11　　　　　)の社会進出につながる

②甚大な被害

新兵器登場や長期化、総力戦体制の影響もあり、膨大な被害がでる

→戦後、国際世論は(12　　　　)の方向へ転換

③国際関係の変化

ヨーロッパ諸国は勝敗にかかわらず疲弊、かわって(13　　　　　　　)が台頭

アプローチ③

●第一次世界大戦は、その後の世界にどのような影響を与えたのだろうか?

教科書①〜③の問い

🔍① ①〜③から読みとれる、この時期のアメリカの特徴は何だろうか。

教科書④の問い

🔍① ④でレーニンにほうきではき出されているのは、どのような人々だろうか。

ТОВ. ЛЕНИН ОЧИЩАЕТ
землю от нечисти.

ソ連のポスター

テーマへのアプローチ①ロシア革命は、それまでの革命とどのような違いがあったのだろうか。	②欧米諸国や日本は、なぜロシア革命を脅威に感じたのだろうか。	③第一次世界大戦は、アメリカの国際的地位にどのような影響を与えたのだろうか。

▶️ロシア革命 ▶️諸外国の反応

1 二月革命

第一次世界大戦の戦況悪化を受け、ロシアでは労働者のストライキや兵士の反乱が発生(1917年)

→彼らは各地で(1　　　　　　　)を結成、帝政が崩れて臨時政府が成立→戦争は継続

2 十月革命

レーニン指導のボリシェヴィキ(のちの(2　　　　　)党)は臨時政府の戦争継続を批判

→武装蜂起で政権を獲得し社会主義国家が誕生(史上初の本格的な社会主義革命)

3 一党独裁

　　a 「土地に関する布告」で土地の分配と重要産業の国有化を宣言

　　b 「平和に関する布告」で無併合・無償金・(3　　　　　　　)の原則による和平を提唱

→直後の選挙で敗れたが憲法制定会議を武力で解散して一党独裁体制を築く

4 諸外国の反応

世界中の共産主義勢力を集めて(4　　　　　　　)を結成、世界革命をめざす

→自国での労働運動の急進化を恐れた英・仏・米・日が出兵(干渉戦争)

アプローチ①

アプローチ②

▶️スターリン支配へ

1 新政権の政策

干渉戦争に際しての(5　　　　　)主義は食料不足などの混乱をまねく

→資本主義をある程度復活させる新経済政策(ネップ)により経済を安定化

　→(6　　　　　　　　　)(1928年)をとって社会主義路線を強化。農業の集団化(1929年)

② 個人独裁

レーニンの死(1924年)で後継者争いが表面化、一国社会主義論の(^{7}　　　　　　　　)が実権を掌握

→プロレタリア独裁の名のもと個人独裁となり、粛清がおこなわれる

▶ アメリカの国際的地位の上昇

① 大戦とアメリカ経済

(^{8}　　　　　　　　　　　)の生産下落を受け、戦中からアメリカの生産は拡大

→経済的地位は高まり、大戦を境に債務国から債権国へ

② 国際的地位の上昇

連合国勝利への軍事的貢献と経済的地位の上昇が背景

→国内では(^{9}　　　　)主義への回帰を求める声が強く、(^{10}　　　　　　　　　)(1920年成立)には不参加

▶ アメリカの繁栄とその陰

① 黄金の20年代

大量生産・大量消費を特徴とした豊かな社会が実現→自動車の普及も進むが、貧富の差も大きかった

② 不寛容な側面

大戦直後に(^{11}　　　　)の参政権が保障された一方、社会の不寛容さも表面化→禁酒法が施行されたり、

WASP系でない移民の受け入れを制限し日本人移民を禁じる(^{12}　　　　　　)法が制定されたりした

アプローチ③

_____

_____

_____

_____

_____

_____

_____

_____

_____

●第一次世界大戦後の世界において、ソ連とアメリカはどのような影響力をもったのだろうか？

_____

_____

_____

3 ヴェルサイユ体制とワシントン体制　教科書 p. 92〜95

① 教科書の①の橋は何を風刺しているのだろうか。
② ②のポスターは何を訴えているのだろうか。
③ ③の写真について、なぜ神社がサイパン島にあったのだろうか。

イギリスの雑誌に掲載された風刺画(1919年12月)

テーマへのアプローチ①ヴェルサイユ体制とワシントン体制の成果と課題は何だろうか。	②1920年代前半、日本が協調外交を展開した国際的理由と国内的理由は何だろうか。	③第一次世界大戦後、国際的地位を高めたアメリカはどのように行動したのだろうか。

▶ ヴェルサイユ体制の成立

① パリ講和会議(1919年)

ウィルソンの(1　　　　　　　)の影響のもと、戦勝国で話し合いがもたれる

→対独講和条約(ヴェルサイユ条約)にもとづく新たな国際体制が成立(ヴェルサイユ体制)

② 体制の画期性

ウィルソンの十四カ条の一部が実現

 a (2　　　　　　　)の思想を制度化した(3　　　　　　)が設立される

 b (4　　　　　)の原則が東ヨーロッパやバルカン半島で適用される

③ 体制の問題点

 a イギリス・フランスの意向が反映されてバランスを欠く面があった

 b アジアやアフリカには民族自決の原則が適用されず

 c ドイツへの巨額の賠償金はドイツ経済の混乱を招き、禍根も残す

▶ ワシントン会議と軍縮の動き

① 軍縮の背景

国際的な反戦の気運、とくにアメリカ国内では軍事費増大への反発が強い

→アメリカは日本などにも軍縮を要求するため(5　　　　　　　)会議を主催

② ワシントン体制

会議で成立した諸条約にもとづくアジア・太平洋地域における新たな国際体制

 a 海軍軍備制限条約：英・米・日・仏・伊の主力艦保有比を5：5：3：1.67：1.67と規定

 b 四カ国条約：太平洋の安全保障、(6　　　　)同盟破棄など

 c 九カ国条約：中国に対する(7　　　　　)・機会均等の原則などを確認

③ (8　　　　)条約

反戦の気運が高まるなか、1928年に日本を含めた15カ国が締結

→戦争を違法化したが、自衛の戦争は否定せず

アプローチ①

1 1920年代の日本の外交

国際連盟の常任理事国として協調外交を推進

   a　中国にある既存の権益は維持しつつ軍事介入は避ける

   b　(9　　　　　)との国交を樹立（日ソ基本条約）

   c　独自に陸軍でも軍縮に着手→軍部は反発

2 1920年代のアメリカ

国際社会で指導力を発揮すると思われたが、国際連盟には不参加

   a　伝統的な(10　　　　　)主義にもとづきヨーロッパ国際社会とは距離をとる

   b　ドーズ案などドイツ経済の安定化には積極的に関与

   c　ワシントン会議を主催するなど太平洋方面にも積極的に関与

アプローチ②

アプローチ③

●第一次世界大戦後、新たにどのような国際体制が築かれたのだろうか？

4 世界経済の変容と日本　教科書 p.96〜99

教科書①の問い

①①において、1920年代は、1910年代とどのように異なるのだろうか。

②国ごとに数値が大きく落ち込んだ時の原因は何だろうか。

教科書②の問い

①第一次世界大戦について、井上馨が「天佑〔天の助け〕」、加藤高明が「利益」と発言した理由は何だろうか。

井上馨の発言

今回のヨーロッパにおける戦争は、日本国運の発展に対する大正新時代の天佑〔天の助け〕であり、わが国は国をあげて、この天の助けを受けとめなければならない。　（井上馨侯伝記編纂会編『世外井上公伝』）

加藤高明の発言

このような事情で、日本は現在、〔日英〕同盟条約の義務のために参戦しなければならないという状況にはない。条文の規定が、日本に参戦を命じるような事態は、現在、まだ発生していない。ただ1つはイギリスからの依頼による同盟としての付き合い、もう1つは日本がこの機会にドイツの拠点を東アジアから一掃し、国際的な地位を一段と高めるという利益から、参戦を断行するのが時機にふさわしい良策だと信じている。

（伊藤正徳編『加藤高明』）

第一次世界大戦についての発言

テーマへのアプローチ①第一次世界大戦によって、世界経済の中心はどのように変化したのだろうか。

②第一次世界大戦の影響は、どのような形で日本におよんだのだろうか。

③1920年代の日本において不況が長期化し、金融のシステムが不安定化した理由は何だろうか。

▶第一次世界大戦直前の日本経済

1 欧米の状況

19世紀末から20世紀初め、欧米を中心に重化学工業が発達→輸出拡大により国際競争が激化

→イギリスなど先進国の海外投資で、国際的な資金の流れが活発化

2 日本の状況

(1　　　　　　　　)の採用以降、外貨導入を進めるも、深刻な国際収支の危機

背景：(2　　　　)戦争を境に(3　　　　　)の発行が拡大→巨額の外債利払いが発生

　　　　貿易収支は大幅な輸入超過により赤字

▶第一次世界大戦と世界経済の変容

1 ヨーロッパの状況

主要国は軍需生産に追われる→一般の工業製品の輸出余力が喪失、船舶不足の深刻化

2 アジアの状況

ヨーロッパの植民地や勢力圏が多かったアジア市場では、工業製品の供給不足が深刻化

3 アメリカの状況

1917年、連合国側で参戦

　a　ヨーロッパに物資や資金（戦時国債）を提供→利益拡大

　b　ヨーロッパ諸国からの債務を返済し、連合国側の戦時国債を購入→債務国から債権国に転換

アプローチ①

▶大戦景気と日本経済

1 産業の躍進

日本は日英同盟を理由にドイツに宣戦、連合国の一員に

　a　輸出の拡大により貿易業が活性化、軽工業が好況：連合国には軍事物資・食料品を輸出、アジアには綿織物・雑貨を輸出、大戦景気のアメリカには生糸を輸出

b　(⁴　　　　　　)工業化のはじまり

　背景：海運業・(⁵　　　　　　)業が空前の好景気((⁶　　　　　　　)の誕生)→機械工業・鉄鋼業も発展

　　　ドイツからの輸入品が途絶したため(⁷　　　　　　)工業が勃興(薬品・染料・肥料)

2 (⁸　　　　)景気の影響

大幅な輸出超過。(⁹　　　　　　)など対外投資や対外貸付(借款)も急拡大

→債務国から(¹⁰　　　　　　)に転換⇔急激な物価上昇により都市民衆が困窮。農業の発展は停滞的

アプローチ②

▶第一次世界大戦後の経済再建

1 アメリカの状況

1919年、金本位制に復帰→イギリスにかわり国際金融市場の中心に

2 日本の状況

アジア市場にヨーロッパ諸国の商品が復活→貿易収支は再び輸入超過→(¹¹　　　　　　　　)が発生(1920年)

▶1920年代の日本経済

1 金融恐慌

1927年、不良債権化した(¹²　　　　　　)が原因で銀行への取付け騒ぎが発生

→田中義一内閣は(¹³　　　　　　)を発令、日本銀行からの巨額融資の実施で恐慌は沈静化

　　⇔一時回避策にすぎず、重化学工業の国際競争力不足、輸入増加による貿易収支の悪化は未解決

2 井上財政

(¹⁴　　　　　　)大蔵大臣は(¹⁵　　　　　　)をめざし緊縮財政と産業の合理化を進める

背景：貿易収支の改善と、為替相場の安定化が必要

アプローチ③

●第一次世界大戦後は、世界経済の構造をどのように変え、日本経済にどのような影響を
与えたのだろうか？

5 アジアのナショナリズム　教科書 p.100〜103

① 教科書の①から②へのガンディーの服装の変化は、何を意味しているのだろうか。
② ②でガンディーが糸車を回しているのは、何のためだろうか。

_____

_____

_____

_____

1920年代後半のガンディー

テーマへのアプローチ①朝鮮半島と中国のナショナリズムのあり方には、それぞれのおかれた状況によってどのような違いがあるのだろうか。	②中国やインドのナショナリズムの高まりの背景には、何があったのだろうか。	③インドと西アジアのナショナリズムは、どのように展開したのだろうか。

▶ 朝鮮・中国のナショナリズム

① 朝鮮の状況

a　韓国併合(1910年)→日本、朝鮮に(¹　　　　　　　)設置。初代総督：陸軍大臣の寺内正毅

b　(²　　　　　　　)運動(1919年)：ウィルソン大統領(米)の(³　　　　　　　)の考えの影響

　→朝鮮の民衆が「独立万歳」を叫びデモ行進→朝鮮総督府により武力で鎮圧される

　　→朝鮮総督府は武断的な統治を改め、一定の言論活動などを認める：(⁴　　　　　　　)へ

② 中国の状況

a　新文化運動：儒学批判・女性の権利主張や、白話で思想を表現しようとする文化刷新の新潮流

b　中国は第一次世界大戦の戦勝国ながら、二十一カ条の要求にもとづく条約の破棄・山東半島の権益返還は期待できず

　→北京の学生たちがおこしたデモを機に、反日運動が拡大：(⁵　　　　　)運動(1919年)

　Ⅰ　(⁶　　　　　　)党結成(1919年)：広く革命を訴える政党として孫文が結成

　Ⅱ　中国共産党結成(1921年)：ロシア革命の影響を受けて結成

c　経済：大戦後、上海で(⁷　　　　)業を中心に軽工業発達

　→中国系資本に加え、日本資本の工場も設置(在華紡)

アプローチ①

_____

_____

_____

▶ インドのナショナリズム

① 19世紀後半

a　インド民族資本により、紡績業を中心に経済が発展

b　ベンガル分割令(1905年)などを機に(⁸　　　　　　　)派が反英意識を高める

→1906年、カルカッタ大会で英貨排斥・スワデーシ・スワラージ・民族教育を掲げる

⇔イギリス、(⁹　　　　　　　　　　)連盟の結成(1906年)を支援し、ベンガル分割令廃止するも民族運動をおさえられず

② 第一次世界大戦後

大戦中イギリスは、戦争協力(戦債・兵士・物資供出)をしたインドに戦後の自治を約束

⇔大戦後は(10 　　　　　　　)法(1919年)を制定し民族運動を抑圧

　→国民会議派のガンディーによる(11 　　　　　　　　　)運動。ネルーは完全な独立主張

アプローチ②

▶西アジア諸地域のナショナリズム

① アラブ民族

　　a　オスマン帝国支配下のアラブ民族：第一次世界大戦中、イギリスはアラブ人の独立を支持し民族
　　　　　　　　　　　　主義鼓舞

　⇔大戦後、英・仏の(12 　　　　　　　)となる→アラブ民族の反発、イラク王国など成立へ

　　b　エジプト：1914年、イギリスの保護国となる

　→(13 　　　　　)党を中心に独立運動展開。1922年、エジプト王国成立⇔スエズ運河は英管理下

② トルコ民族

セーヴル条約(1920年)：不平等条約。オスマン帝国は列強による領土分割の危機

→アンカラに(14 　　　　　　)が政権を樹立。スルタン制廃止(1922年・オスマン帝国滅亡)・不平等条約
　撤廃(1923年)

　→1923年、トルコ共和国建国。初代大統領：ケマル

　　政教分離・太陽暦導入・女性参政権の実施・ローマ字採用などの西欧化政策

③ イラン：大戦中、ガージャール朝は中立を宣言するも諸外国に蹂躙される

→レザー＝シャー、(15 　　　　　　　　)朝を樹立(1925年)

　　a　国家の近代化・世俗化：財政改革(アメリカが支援)・女性解放・教育改革など

　　b　イラン＝ナショナリズム鼓舞→国名をイランへ(1935年)

⇔石油利権はイギリス政府・資本に握られたまま

アプローチ③

●第一次世界大戦後、アジアのナショナリズムはなぜ高まったのだろうか？

6 大衆の政治参加　教科書 p.104〜107

帝国議会の前に集まる人々（1913年2月5日）

教科書①の問い

①①にみられる状況は、どのような点で従来の日本の政治とは異なっていたのだろうか。　②このような新しい状況が生じた背景には、社会のどのような変化があったのだろうか。

教科書②③の問い

①②③は、何が異なるのだろうか。　②ドイツでは、1919年にはじめて②のような選挙がおこなわれた。その背景は何だろうか。

| テーマへのアプローチ①欧米諸国での政治参加の拡大は、社会がどのように変化するなかで進んだのだろうか。 | ②1925年に日本で男性普通選挙が実現した背景には、どのような社会の変化や世界情勢があったのだろうか。 | ③社会運動に参加した人々は、社会の何を変えようとしたのだろうか。 |

▶欧米諸国における参政権の拡大

①欧米諸国の状況

19世紀半ば以降、工業化が進展し労働運動・社会主義運動が活発化→(¹　　　　　　　　)実現

→女性の社会進出が始まると、参政権を求める(²　　　　　　　　)運動が20世紀初めに活発化

②女性参政権の拡大

第一次世界大戦下で女性も軍事動員され、社会進出が進展→大戦後、英・独・米などで女性参政権実現

アプローチ①

▶日本の大衆政治運動と男性普通選挙

①大衆政治運動

20世紀初頭、選挙権をもたない下層の労働者（大衆）はデモや暴動で政治的意識を主張

　　a　(³　　　　　　　　)事件：日露戦争の講和条約（ポーツマス条約）への反発

　　b　(⁴　　　　　　)運動（第1次護憲運動）：第3次桂太郎内閣を批判

　→大衆運動で初の倒閣：(⁵　　　　　　　　)

→1916年、吉野作造は民衆のために政治をおこなう「(⁶　　　　　　　　)」を提唱。議会政治の確立を主張

②原敬内閣の発足

(⁷　　　　　　)発生（1918年）：米価の高騰が要因→寺内正毅内閣は退陣

→(⁸　　　　　)（立憲政友会総裁）が衆議院議員ではじめて首相に就任

　→選挙で選ばれた国民の代表としての政党の影響力増大

③大正デモクラシー

(⁹　　　　　　　　　　　)：大衆の政治的影響力が増すなか、参政権の拡大が課題に

　　a　原敬内閣：選挙人資格の引き下げ→限定的で普選運動はおさまらず

　　b　加藤高明内閣：護憲三派による(¹⁰　　　　　　　)運動を経て発足→男性普通選挙を実現

→以降、政党内閣が五・一五事件（1932年）までの約8年間継続

＊立憲政友会・憲政会（のち立憲民政党）の二大政党が交代で政権を運営

_____
_____
_____

▶日本の社会運動

欧米諸国の動向も波及し、社会改造の運動が活発化

1 労働運動

労働争議・小作争議が頻発→(11　　　　　)運動がさかんになる

背景：第一次世界大戦中の工業化による工場労働者の増加。ロシア革命の影響

2 社会主義運動

大逆事件(1910年)により低迷するも復活→コミンテルンの指導のもと日本共産党が結成(1922年)

⇔(12　　　　　)法制定(1925年)：天皇制の廃止や私有財産制の否認を目的とする結社の取締り

3 女性運動

(13　　　　　)が青鞜社結成(1911年)：民法の家父長制的な家制度を否定、女性の解放を主張

→市川房枝らと(14　　　　　)結成(1920年)。女性参政権を主張→治安警察法の一部改正で女性の
政治集会参加を実現⇔しかし、女性参政権は第二次世界大戦後(1945年)まで実現せず

4 部落解放運動

被差別部落では、身分制の廃止後もきびしい社会的差別や偏見に苦しむ

(15　　　　　)結成(1922年)：差別からの解放を行動で勝ちとろうと部落解放運動を展開

_____
_____
_____
_____
_____
_____
_____
_____
_____
_____

●権利を求める声はだれが発し、どのように社会へ広がったのだろうか？

_____
_____
_____
_____

7 消費社会と大衆文化　教科書 p. 108〜111

🔍① どのようにしてフラッパーやモダンガールの流行が生まれたのだろうか。
🔍② 当時の日本の人々は、新しい消費文化をどのように受け止めたのだろうか。

東京・銀座のモダンガール

テーマへのアプローチ①アメリカで生まれた大衆消費社会は、人々の暮らしをどのように変えたのだろうか。	②都市化の進行により、人々の暮らしはどのように変わったのだろうか。	③教育機関や交通機関、マスメディアの発達は、大衆文化の発展にどのような影響を与えたのだろうか。

▶ 大衆消費社会とマスメディア

１ 大衆消費社会

19世紀末から1920年代にかけ、アメリカでは(¹　　　　　　)社会が到来

　a　大量生産方式により低価格の工業製品が登場、自動車や家庭電化製品が急速に普及

　b　商品化された日用品の大量販売・大量消費が始まる

２ 中産階級

大衆消費社会の担い手として、アメリカの都市部では(²　　　　　　)(新中間層)が増加

→画一化された消費文化は労働者の憧れ。(³　　　　　　)も大量生産方式の労働力や消費社会の一員に

　　　→アメリカで生まれた消費文化は世界各地にも拡大

３ マスメディア

欧米諸国では、(⁴　　　　　　　)が発達

　a　新聞・雑誌：価格の低下と識字率の向上により20世紀初めに発行数が増加

　b　映画：第一次世界大戦後に隆盛→アメリカの映画は世界各地に輸出

　c　(⁵　　　　　　　)：1920年代に始まり、受信機が家庭にも普及

→大衆の世論に強く影響→第一次世界大戦以来、各国政府の宣伝や広告がさかんになる

アプローチ①

▶ 日本の都市化と大衆文化

１ 都市化の進展

第一次世界大戦以降、工業化が進展→農村人口が都市へ流入。朝鮮・中国からも日本(本土)に移入

　a　都市部では(⁶　　　　)で生活する新中間層が形成

　b　女性の社会進出→自分の意思で職業を選ぶ(⁷　　　　　　)の誕生

　c　都市部の拡大→工場周辺の労働者街・(⁸　　　　　)の住宅地の形成

　d　新中間層向けの和洋折衷の(⁹　　　　　　)や交通機関が発達

２ 関東大震災

1923年9月1日、(¹⁰　　　　　　　)が発生。東京・横浜など関東地方の市街地に大打撃

→流言により軍隊・警察や自警団が多数の朝鮮人・中国人を殺害

３ 市民生活の近代化

東京では復興が進み、人口も急増→復興後、アメリカの影響を受けた(¹¹　　　　　　　　)が流行

a （12　　　　　　　　　　　）と呼ばれる若い女性のファッションが登場

b （13　　　　　　　　　）：1920年代後半には労働者も利用。全国の都市にも拡大

アプローチ②

_____

_____

▶日本のマスメディア

教育水準の向上により、日本でもマスメディアが発達

1 教育の発展

a　1920年、義務教育の就学率は99％をこえる→中等学校への進学率も上昇

b　（14　　　　　　　）令制定（1918年）：私立や単科大が増設→高等教育を受けた人々が社会で活躍

2 マスメディアの発展

a　新聞：開国後に発行が始まり、自由民権運動などと結びつき発展

→20世紀には急激に発行部数を増やし、1920年代半ばには100万部をこえる新聞も登場

b　出版：1920年代後半、『キング』など発行部数が数十万部の（15　　　　　　　　　　　）が登場

→低価格の文庫本・円本も広く読者を獲得

c　映画：19世紀末から輸入される→1924年以降はアメリカ映画を上回る本数の国産映画が上映

d　ラジオ：1925年に放送開始→1926年、日本放送協会（NHK）設立

→速報性が高いラジオは普及し、1932年に受信契約数は100万件をこえる

→マスメディアの世論への影響力増大→政府は治安維持法などで言論を統制、宣伝・広報活動にも利用

アプローチ③

_____

_____

_____

_____

_____

_____

_____

_____

●1920年代には、どのような文化や生活習慣が広がったのだろうか？

_____

_____

_____

_____

1 世界恐慌の時代　教科書p.114〜117

世界恐慌時に職を求める失業者

教科書①②の問い

①①②の写真とそこに書かれている文字から、大恐慌の原因の1つとなる好況時の矛盾をあげてみよう。

教科書③の問い

①③の輸出入の収支や貿易相手の変化から何がわかるだろうか。

テーマへのアプローチ①世界恐慌が発生した原因、悪化の要因は何だろうか。

②世界各国の、恐慌からの脱出方法の特徴は何だろうか。

③日本が世界に先がけて恐慌から脱出できた要因と、その課題は何だろうか。

▶大恐慌とその波及

①大恐慌の発生

1929年、ニューヨーク株式市場（ウォール街）で株価が大暴落→アメリカが(¹　　　　　　　)におちいる

背景：農業不況による農民の購買力低下・集中した資金が株式投機に集中

影響：1932年の工業生産高は29年の54％、失業率は25％に達する

②世界経済への波及

a　ヨーロッパ：アメリカの投資資金の回収により恐慌が波及

b　日本：アメリカへの生糸の輸出が急激に縮小→経済状況が悪化

③ブロック経済

1930年、アメリカが高関税政策を展開→イギリスなど世界経済の(²　　　　　　)化をまねく

アプローチ①

▶ニューディールの展開

①ニューディール

1933年、(³　　　　　　　　　　　　　)大統領が(⁴　　　　　　　　　　)政策を打ち出す

a　政府が恒常的に市場と経済に関与（自由放任主義との決別）

b　安価な電力供給と失業者救済のためテネシー川流域開発公社（TVA）設立

c　ワグナー法制定（1935年）：労働者の(⁵　　　　　　)・団体交渉権を容認

d　年金・失業保険・生活保護制度の導入

→アメリカも福祉国家化が進展

▶孤立主義と国際情勢

①アメリカの善隣外交

a　(⁶　　　　　　)を承認（1933年）

b　(⁷　　　　　　　　　　)撤廃（1934年）：ラテンアメリカ諸国への内政干渉ひかえ善隣外交を展開

②孤立主義

アメリカは1935年から数次にわたり(⁸　　　　　　)法制定：孤立主義を強める世論を反映

→第二次世界大戦勃発後も参戦を主張するローズヴェルト大統領に、世論や議会は反発

▶昭和恐慌の発生

1 金解禁の影響

1930年、浜口雄幸内閣(立憲民政党)は(9　　　　　　　　　)を断行

→その頃、アメリカの大恐慌が世界に波及(世界恐慌)

　　→日本経済は金解禁の実施にともなう不況と重なり(10　　　　　　　)におちいる

2 昭和恐慌

国際市場の混乱と急激な円高→日本の輸出は減退し、正貨の海外流出とデフレの深刻化

影響：都市部：工業製品価格の暴落→企業の操業短縮や倒産があいつぎ、失業者の増大

　　　農村部：農作物価格の下落、生糸の輸出激減による繭価暴落→東北地方中心に(11　　　　　　　)

→労働争議・小作争議の急増による社会不安増大。為替差益を蓄積する財閥に批判強まる

▶恐慌からの脱出

1 積極財政への転換

1931年、犬養毅内閣(立憲政友会)発足。(12　　　　　　　)大蔵大臣：金輸出再禁止・金兌換の停止断行

　　a　金本位制から(13　　　　　　　)制度へ移行

　　→円相場は大幅に下落し、輸出に有利な円安に転じる→綿織物業など輸出拡大

　　b　(14　　　　　　　)を展開

　　→赤字国債を発行して軍事費・補助金・農村救済事業費を捻出

→産業界は活気づき、欧米諸国に先がけて恐慌を脱却。とくに(15　　　　　　　)工業は軍需と政府の保護

　　政策により発展⇔農村は疲弊。社会の不安定化をまねきテロの温床にもなる

アプローチ②

アプローチ③

●世界恐慌はなぜ波及し、それに各国はどのように対応したのだろうか？

2 ファシズムの伸長と共産主義　教科書 p.118〜121

①教科書の①②の写真にみられる共通点は何だろうか。

②①②から、ヒトラーやムッソリーニはどのような存在だと感じるだろうか。

③③④で、個人と国家はどのような関係であるとヒトラーやムッソリーニは主張しているだろうか。

ヒトラー　　　　　　ムッソリーニ

テーマへのアプローチ①イタリアとドイツでは、なぜ独裁的な指導者が登場したのだろうか。	②ヒトラー政権が誕生した経緯は、選挙や民主主義について、何を教えてくれているのだろうか。	③ドイツがイタリア・日本、そしてソ連とも連携するようになったのはなぜだろうか。

▶ファシズムの出現

①イタリアの動向

 a 第一次世界大戦の戦勝国⇔パリ講和会議で領土要求が満たされず

 b 改革を求める労働者・農民の運動激化

　I （¹　　　　　　　）がファシスト党を結成。労働者らの運動に暴力で対抗し、産業界からの支持をのばす

　II （²　　　　　　　）(1922年)を機に政権獲得→ファシスト党による一党独裁体制成立

②ドイツの動向

 a 第一次世界大戦の敗戦国

 b 世界恐慌後、高い失業率となる

→ヴァイマル共和国の政局・経済が不安定になる

　国民は共産党・(³　　　　　)(国民社会主義ドイツ労働者党)に期待

③ヒトラーの登場

(⁴　　　　　　　)政権樹立(1933年)：ナチ党は共産党の進出を懸念する保守派や産業界の協力を得る

 a 共産党の活動禁止

 b （⁵　　　　　　　）法成立(1933年)：政府に立法権付与

 c ナチ党以外の政党解散

　I ナチ党の一党独裁体制確立

　II ヒトラー、総統として独裁的権力を掌握(1934年)

 d 大規模な公共事業で失業を克服：アウトバーンの設備など

 e ユダヤ人やロマなどの少数民族、障がいのある人への迫害→強制収容所へ

 f 秘密警察・暴力、政府からの一方的な宣伝→思想や文化の取締り

 g 経済統制

→(⁶　　　　　　)国家となる

４ 日本の動向

　　a　1930年代、軍部台頭（独裁的権力はなし）

　→議会・政党から主導権を奪う。思想・文化・経済の統制

　　b　日本、ドイツ・イタリアに接近。ファシズムとみなされる

アプローチ①

アプローチ②

①ドイツ

国際連盟離脱(1933年)→再軍備宣言(1935年)。徴兵制も復活

→仏ソ相互援助条約を口実に、ロカルノ条約を破棄・(7　　　　　　　　　　　　)に軍隊を進駐(1936年)

②イタリア

世界恐慌による経済的打撃

→(8　　　　　　　　　　)侵攻(1935年)→国際連盟は経済制裁をおこなうも、内容不十分で効果なし

ソ連とコミンテルン

①ソ連

　a　スターリン独裁

　b　国際的には、計画経済・社会主義的平等を達成と評価→1934年、国際連盟加盟・常任理事国

②コミンテルン

ソ連が支配。好戦的なファシズム勢力の拡大阻止が重要な課題と認識

→(9　　　　　　　　)提唱(1935年):各国共産党に反ファシズム統一戦線の結成を求める

スペイン内戦と枢軸国の結束

①スペイン内戦

1931年、スペインは共和政となる。1936〜39年、(10　　　　　　　　　)内戦がおこる

→内戦は人民戦線とファシズムの国際的対決の場へ→(11　　　　　　　　　)側が勝利(〜75年まで独裁)

1936年、人民戦線政府 ＝左派諸党が協力	⇔	フランコ＝旧勢力支持 (軍部・地主・カトリック勢力)	不干渉政策 イギリス・フランス
⇧支援		⇧軍事的支援・軍事介入	
ソ連・国際義勇軍(知識人や労働者)		ドイツ・イタリア	＊ドイツ軍、ゲルニカ空爆

②枢軸陣営の結束

　a　スペイン内戦を機にドイツ・イタリア接近→日独防共協定(1936年)にイタリア参加

　b　(12　　　　　　　　　)協定が結ばれる(1937年)・枢軸陣営の成立へ

ドイツの侵略と独ソの連携

①オーストリア併合(1938年)

②(13　　　　　　　)会談(1938年)

背景:ドイツ、チェコスロヴァキアに(14　　　　　　　　　　)地方割譲要求→チェコスロヴァキア、拒否

→イギリス首相チェンバレンの提唱で、英・仏・独・伊首脳がミュンヘンで会談

　→これ以上の領土要求をしない条件で、ドイツのズデーテン割譲を承認

③チェコ占領・スロヴァキア保護国化(1939年)

ヒトラー、ミュンヘン会談を無視。チェコ占領・スロヴァキアを保護国とする→(15　　　　　　)政策破綻

ドイツ、ポーランドにダンツィヒ返還とポーランド回廊通過の権利を要求

④(16　　　　　　　)条約締結(1939年)

ドイツ:ポーランド侵攻の準備にあたり、ソ連との衝突を避ける

ソ連:ミュンヘン会談以来、英仏に不信感

アプローチ③

●なぜファシズムは勢力を伸長し、ヴェルサイユ体制が崩壊したのだろうか？

3 日中戦争への道　教科書 p. 122〜125

教科書 1 2 の問い

1 2 で張学良はどのような立場を明確にしたのだろうか。

2 張学良の動向は、どのような重要性をもったのだろうか。また、国民政府がめざしたものは何だったのだろうか。

教科書 3 の問い

1 日本の国際連盟脱退を、日本国内の世論はどのように受け止めたのだろうか。またそれはなぜだろうか。

対日勧告案可決を報じる新聞記事（『朝日新聞』1933年2月25日）

テーマへのアプローチ①国民政府による中国の統一は、どのような意味をもったのだろうか。	②満洲事変を経て、日本の政治や外交はどのように変わったのだろうか。	③日中戦争は、なぜ長期戦となったのだろうか。

▶南京国民政府の成立

1 第 1 次国共合作

袁世凱の死後、各地に軍事政権が成立して勢力を競う

  a　(1　　　　　　　)党成立(1919年)：孫文はソ連やコミンテルンの援助のもと国内統一めざす

  b　(2　　　　　　　)(1924年)：中国国民党と(3　　　　　　　　)党が正式に協力

2 蔣介石の台頭

1925年、孫文の死後、軍事力を背景に(4　　　　　　)が国民党内で指導権掌握

→軍事政権打倒による国内統一をめざす：(5　　　　　)→共産党を弾圧し、(6　　　　　　　)成立

3 張作霖の殺害

北伐軍が北京にせまると張作霖は満洲に撤退をはかる→関東軍、張作霖を殺害(1928年)

→息子の張学良は日本に対抗し南京国民政府に従い、国民党が全国統一

4 南京国民政府の政策

不平等条約の改正につとめ、関税自主権を獲得。貨幣制度を統一し、政府公認の紙幣の流通をはかる

→国内の政治と経済の統一を進め、共産党との戦いに力を入れる

アプローチ①

▶満洲事変と日本軍部の台頭

1 満洲事変

背景：南京国民政府が中国を統一すると、日本では満洲権益維持のため強硬論が高まる

1931年、(7　　　　　　　)が柳条湖事件をおこし、満洲全域で軍事行動を展開。(8　　　　　　　　)へ発展

→第 2 次若槻礼次郎内閣(立憲民政党)は不拡大方針をとるも、関東軍をとめられず→世論は歓迎

2 満洲国の建国

  a　満洲事変に対する国際的非難から、国際連盟はリットン調査団を満洲に派遣

  b　(9　　　　　　　)建国(1932年)：関東軍は清朝最後の皇帝溥儀を執政とする傀儡政権を樹立

3 軍部の台頭

昭和恐慌で農村が困窮→軍部・右翼は内政・外交の大転換をはかる急進的な国家改造運動を展開

a　(10 　　　　　　　　)事件(1932年)：海軍青年将校らが犬養毅首相を殺害→政党内閣の終焉

b　(11 　　　　　　　　)事件(1936年)：陸軍青年将校らが首相官邸などを襲撃

　　→陸軍が政治の主導権掌握、首相の任命も左右

4 国際的孤立

日満議定書調印(1932年)：斎藤実内閣は世論におされて満洲国を承認(日満国交樹立)

⇔国際連盟はリットン報告にもとづき日本軍の満洲からの撤退を勧告(1933年)、世界は支持

　　→日本は勧告を拒否し、国際連盟脱退を通告(1935年発効)

アプローチ②

▶ 日中戦争

1 日中戦争前夜

a　(12 　　　　　　　　)協定(1936年)：国際的孤立を深める日本とドイツが共産主義の抑止で締結

　　→翌年、イタリアも加わり日独伊防共協定となる

b　西安事件(1936年)：国民政府が共産党に接近。抗日のための内戦停止

2 日中戦争

盧溝橋事件(1937年)：第1次近衛文麿内閣は軍部におされて戦線を拡大

→国民政府と共産党が提携：(13 　　　　　　　　)成立→(14 　　　　　)戦争が始まる

3 日中戦争の長期化

a　1938年、近衛内閣は「国民政府を対手（あいて）とせず」と声明、蒋介石政権との外交交渉を拒否

b　国民政府は南京陥落後も重慶で抵抗。米・英・仏・ソなどが支援：(15 　　　　　　　　　)

→近衛内閣は汪兆銘を首班に南京に新政権を樹立させるも、重慶の国民政府は抗戦継続

アプローチ③

●日本はどのようにして中国との戦争に向かったのだろうか？

4 第二次世界大戦の展開　　教科書 p.126〜131

① 教科書の①からわかる、第一次世界大戦と第二次世界大戦の相違点は何だろうか。
② その違いはなぜ生じたのだろうか。
③ ②③のような悲劇をまねくに至ったのはなぜだろうか。

原爆投下後の広島(米軍撮影、広島平和記念資料
館提供)

テーマへのアプローチ①第二次世界大戦はどのようにして始まったのだろうか。	②ヨーロッパで始まった第二次世界大戦に、アメリカと日本はどのようにして関与していったのだろうか。	③連合国とその戦後構想はどのようにして形成されたのだろうか。

▶第二次世界大戦の勃発

①(¹　　　　　　　)条約締結(1939年)

　　a　ドイツ：ポーランド侵攻準備にあたり、ソ連との衝突を避けたい
　　b　ソ連：ミュンヘン会談以来の英・仏に対する疑念。独を利用して旧ロシア帝国領の回復ねらう

②第二次世界大戦勃発

1939年9月、ドイツ、(²　　　　　　　　)に侵攻→イギリス・フランス、ドイツに宣戦布告
　　a　ドイツ：ポーランド西半分占領
　　b　ソ連：独ソ不可侵条約にもとづき、ポーランド東半分占領。フィンランドにも侵攻
　　→国際連盟はソ連を除名処分(1939年)→ソ連はさらにバルト3国併合へ(1940年)

③1940年の状況

ドイツ、デンマーク・ノルウェー侵攻、さらに中立国オランダ・ベルギー経由でフランス侵攻
　　a　6月、(³　　　　　　)降伏：北西部 ドイツが占領、南部 ヴィシー政府(ドイツに協力)
　　⇔自由フランス政府：ロンドンで組織。ド＝ゴールを中心に抵抗運動(レジスタンス)を呼びかけ
　　b　5月、イギリス、戦時内閣の首相に(⁴　　　　　　)就任。ドイツの空襲に徹底抗戦
　　→ドイツ、イギリス本土上陸を断念

アプローチ①

▶第二次世界大戦と日本・アメリカ

①中国をめぐる日米対立

日本、「(⁵　　　　　　　)」声明(1938年)
→アメリカは自国の東アジア政策(中国での門戸開放を柱とする)に対する挑戦と受け止める
　　a　蔣介石の国民政府を支援
　　b　日本に(⁶　　　　　　　)条約破棄を通告(1939年7月)
　　→日中戦争維持に必要な物資(鉄・石油など)の大部分をアメリカに依存していた日本に衝撃

2 第二次世界大戦と日本

日独伊防共協定(1937年)を結んでいたが、当初日本は中立の立場をとる

→ドイツの攻勢をみて方針転換

    a   軍事物資確保、援蒋ルート断絶を目的に、東南アジアへ侵攻

    b   (7   )進駐(1940年9月)

    c   (8   )同盟締結(1940年)

    →日本とアメリカとの関係悪化

3 アメリカの状況

    a   国内世論に孤立主義が強く、当初アメリカは中立の立場をとる

    →フランクリン゠ローズヴェルト大統領はヨーロッパで孤立したイギリスへの支援を模索

    b   (9   )法制定(1941年3月)。従来の中立法を改定。イギリスなどに大量の武器提供

    →反ファシズム諸国を支援する姿勢を鮮明にする

4 日本とソ連の関係

(10   )条約締結(1941年4月)⇔同年6月、独ソ戦開始。戦闘は膠着状態へ

→日本とソ連の関係、不安定なままとなる

アプローチ②

▶ 太平洋戦争の始まりと連合国の形成

1 太平洋戦争の開始

日本、(^{11}　　　　　　　　)進駐(1941年7月)

→アメリカの在米日本資産凍結・石油禁輸などで日米対立深まる。日米交渉は難航

日本：アメリカに対し、経済制裁(資産凍結・石油禁輸)の解除要求	⇔	アメリカ：日本に対し、中国・仏印からの全面撤兵を要求

Ⅰ　日本陸軍は中国からの撤兵拒否、政府に開戦要求

Ⅱ　アメリカ、「ハル゠ノート」提示

→日本の(^{12}　　　　　　)内閣、御前会議で対米英開戦を最終決定

Ⅲ　1941年12月8日(日本時間)、日本、イギリス領マレー半島とアメリカ領(^{13}　　　　　)攻撃、アメリカ・イギリスに宣戦布告＝太平洋戦争の開始

→ドイツ・イタリアもアメリカに宣戦→戦争は世界規模に拡大

2 連合国の結成

連合国共同宣言(1942年)：米・英首脳による1941年の(^{14}　　　　　　)がソ連を含む26カ国により戦後構想の原則として承認＝民族自決・貿易および航海の自由などをうたう

3 日本の動向

a　フィリピン(米自治領)・香港・マレー・シンガポール(英領)・オランダ領東インド(インドネシア)など占領

b　戦争によるアジア民族解放と「(^{15}　　　　　　)」の建設を主張(大西洋憲章に対抗)

→実際は、軍事物資の獲得が目的。強引な調達・労務動員、日本語教育や天皇崇拝の強制

▶ 第二次世界大戦の終結

1 枢軸国、劣勢へ

a　日本：ミッドウェー海戦でアメリカに大敗(1942年6月)→以後日本は劣勢となる

b　ドイツ：(^{16}　　　　　　)の戦い(1943年)でソ連に敗北→以後、ソ連が攻勢に

c　イタリア：連合国軍がシチリア上陸(1943年)→ムッソリーニ失脚

→9月、イタリア新政府は無条件降伏

2 連合国の結束

a　対日：カイロ会談(1943年)＝米・英・中首脳会談

　　　　　カイロ宣言で日本降伏後の満洲・台湾などの中国返還、朝鮮の独立を要求

b　対独：テヘラン会談(1943年)＝米・英・ソ首脳会談

　　　　　第二戦線形成のために、連合国軍の(^{17}　　　　　　)上陸作戦を協議

3 枢軸国の敗退

a　ヨーロッパ地域：連合国軍(米・英主軸)がノルマンディー地方に上陸(1944年6月)

→8月、パリ解放

b　太平洋地域：アメリカ軍が日本の「絶対国防圏」サイパン島占領(1944年7月)

→日本本土への空襲激化

4 第二次世界大戦の終結

a　(^{18}　　　　　　)会談(1945年2月)＝米・英・ソ首脳会談。米・英とソ連の対立が表面化

Ⅰ　対独：ドイツ降伏後の占領政策など、戦後処理を協議

Ⅱ　対日：秘密協定で、ソ連が南樺太・千島列島の獲得を条件に、対日参戦することに合意

b　ドイツ降伏

　ソ連、ベルリン包囲。ヒトラー自殺(1945年4月)→ドイツ、無条件降伏(5月)

c　日本降伏

　Ⅰ　アメリカが沖縄本島占領(1945年6月)

　Ⅱ　(19　　　　　　　　)宣言(1945年7月)＝アメリカ大統領トルーマンと英・中首脳により発表

　→日本に無条件降伏などを要求、受諾しない場合は「迅速かつ完全なる壊滅あるのみ」と警告

　　→日本の鈴木貫太郎内閣はポツダム宣言を「黙殺」すると発表

　Ⅲ　アメリカが、1945年8月6日に広島へ、8月9日に長崎へ(20　　　　　　　　)投下

　Ⅳ　ソ連、対日参戦(1945年8月8日)＝日ソ中立条約(1946年まで有効)を無視

　→満洲・朝鮮・南樺太・千島列島に侵攻

　Ⅴ　日本、1945年8月14日、昭和天皇の意向によりポツダム宣言受諾

　　　　　1945年9月2日、連合国への降伏文書に調印＝第二次世界大戦終結

アプローチ③

●第二次世界大戦はどのようにして多くの国々を巻き込み、長期化したのだろうか？

5 第二次世界大戦下の社会　教科書 p. 132～135

第二次世界大戦中のアメリカのポスター

① 1～4は、それぞれどのような立場の人々だろうか。
② 国や立場によって、戦時中の人々の経験にはどのような共通点と相違点があったのだろうか。

テーマへのアプローチ①第二次世界大戦は、政治や経済の仕組みをどのように変容させたのだろうか。	②人々はどのようにして戦争に組み込まれていったのだろうか。	③戦争の経験は戦後の社会にどのような影響を与えたのだろうか。

▶ 計画経済の台頭と戦時統制

1背景

1930年代の恐慌→ソ連やドイツが計画経済により恐慌脱出

2日本での軍部の台頭

(1　　　　　)経済と(2　　　　　　)的な政治体制への注目

軍事費の増大：日中戦争下で膨張、直接的な経済統制が強まる

　a　(3　　　　　　)法（1938年）

　→政府は戦争目的のため議会の同意なく物資・労働力を動員可能に

　b　産業報国会の結成：労資一体となって戦争に協力する体制が整備

　c　公定価格制の導入（1939年）・貯蓄の奨励・ぜいたく品の規制

　d　(4　　　　　)運動（1940年）：近衛文麿のもとで全体主義的政治体制をめざす

　→すべての政党が解散し大政翼賛会へ

3結果：民衆の戦争協力体制への組み込み・計画経済システムの構築

アプローチ①

▶ 戦時下の動員・統制と民衆の生活

1連合国・枢軸国の共通点

大規模な民衆動員・流通統制・(5　　　　　)の動員・植民地民衆の動員

2日本の状況

　a　国防婦人会の活動：市川房枝ら、女性参政権獲得運動家らも積極的に参加

　b　(6　　　　　)：大学生・専門学校生の徴兵

　c　朝鮮・台湾での(7　　　　　)政策：日本語教育・天皇崇拝の強制など

　d　占領地民衆の徴用や連行・軍事資源の収奪・「慰安施設」での戦地女性労働

▶ 第二次世界大戦の惨劇

1一般市民の犠牲

　a　枢軸国・連合国とも相手国都市への(8　　　　　　　)（空襲）を実施

→工業施設の破壊や敵国民の戦意喪失をはかる

　　　b　中国ではゲリラ戦鎮圧のため一般市民の殺害事件おこる

②ユダヤ人殺害

ドイツは国内や占領地、親ドイツ政権の国々でユダヤ人を絶滅収容所などで殺害：（9　　　　　　　　　）

③戦争末期の日本

空襲による全国都市の破壊

　　　a　（10　　　　　　　）：大都市の学童は地方に集団で避難

　　　b　沖縄では地上戦により住民の被害拡大。集団自決などが発生

　　　c　広島・長崎への（11　　　　　　　）投下→市民の被害・放射能による後遺症

アプローチ②

＿＿＿＿＿＿＿＿＿＿＿＿＿＿＿＿＿＿＿＿＿＿＿＿＿＿＿＿＿＿＿＿＿

＿＿＿＿＿＿＿＿＿＿＿＿＿＿＿＿＿＿＿＿＿＿＿＿＿＿＿＿＿＿＿＿＿

▶第二次世界大戦がもたらしたもの

①社会の変化

　　　a　各国の動員・統制→社会保険の充実が求められる→戦後の（12　　　　　　　）制度の形成

　　　b　日本の統制経済→戦後の企業と政府の関係に影響　　c　女性の動員→役割意識の変化

　　　d　植民地や占領地の民衆動員→民族意識の高まり→支配からの解放と独立を求める運動へ

②悲惨な戦争への反省

民主主義の価値定着・人権意識の高まり・国際的な（13　　　　　　）運動の活発化

アプローチ③

●第二次世界大戦は人々にとってどのような経験だったのだろうか？

6 国際連合と国際経済体制　教科書 p.136〜139

① 第二次世界大戦中、どのような国々を中心に国際連合の設立は考案されたのだろうか。

② 「UNITED NATIONS」は、第二次世界大戦中と大戦後ではどのように性格が変わったのだろうか。

1947年のポスター(Henry Eveleigh)

> テーマへのアプローチ①国際連合設立にあたっては、国際連盟からどのような教訓を得ていたのだろうか。

> ②第二次世界大戦後の国際経済秩序には、どのような特徴があるのだろうか。

> ③新たな国際体制において、アメリカはどのような役割を果たしたのだろうか。

▶国際連合の形成

1 国際連合の成立

第二次世界大戦中、大西洋憲章(1941年)などで提案→連合国側の会議・会談で検討

 Ⅰ 米・英・ソなどのダンバートン=オークス会議(1944年)により国連憲章の原案提案

 Ⅱ (¹　　　　　　　　　　　)会議(1945年 4 〜 6 月)で国際連合憲章の合意成立

 Ⅲ 国際連合、正式に発足(1945年10月)。原加盟国51カ国

2 国際連合の組織と機能

本部	ニューヨーク	
組織	総会	・加盟国が平等な権利を有する(原則 1 国 1 票) ・意思決定:全会一致を採用せず、多数決による決議

	(²　　　　　　　　　)
	=総会を上まわる権利と責任
	 →国連軍組織
	  7 カ国の賛成(1965年以降 9 カ国)
	  で決議可決
	  (常任理事国の一致必要)
		常任理事国:米・英・ソ・仏・中(1971年以降、中華人民共和国)
		=一定の軍事力をもつ国々
		 安保理の決定に対して(³　　　　　)をもつ

		非常任理事国: 6 カ国(1965年以降10カ国) =選挙で選出・任期 2 年
	事務局・経済社会理事会・国際司法裁判所・信託統治理事会など	
措置	経済制裁に加え、(⁴　　　　　　)を行使できる	
国連関連機関	国連児童基金(UNICEF)・難民高等弁務官事務所(UNHCR)など	
国連支援機関	国際原子力機関(IAEA)	
専門機関	国際労働機関(ILO)・国際連合教育科学文化機関(UNESCO)・国際復興開発銀行(IBRD)・国際通貨基金(IMF)・世界保健機関(WHO)など	

アプローチ①

▶国際経済秩序の形成

1 アメリカの指導力発揮

(⁵　　　　　　　　　　　　　)協定(GATT)発足(1948年)

→自由貿易の理念にもとづく通商秩序樹立

2 (6 　　　　　　　　　　)（ブレトン゠ウッズ体制）
(7 　　　　　　　　　　)会議(1944年)で(8 　　　　　　　　　　)(IMF)・国際復興開発銀行(IBRD)創設
→各国通貨の為替相場が固定。金との交換を保障されたアメリカ通貨(9 　　　　　)が基軸通貨となる
背景：大戦終了期に全世界の約70％の金保有、鉱工業生産約60％占有
→国際連合の常任理事国となる。国内世論も政府の方針を支持
アプローチ②
_____
_____
_____
アプローチ③
_____
_____

▶ 日本の安全保障政策への影響

1 **戦後日本の安全保障政策構想**
日・米ともに、日本の安全保障は、安定的な米ソ関係のもとで国連が有効に機能することを前提に構想
⇔実際には、米ソ関係の悪化・冷戦の表面化・朝鮮戦争の勃発(1950年)などで構想通りいかず
　朝鮮戦争時は、国連の中国代表権をめぐる対立でソ連欠席→安保理で国連軍が組織される

2 **日本の安全保障政策の実際**
吉田茂首相、(10 　　　　　　　　　　)条約調印(1951年)
→アメリカの要望に応じ、独立後も日本にアメリカ軍駐留を容認

_____
_____
_____
_____
_____
_____

●新たな国際体制はどのように形成されたのだろうか？
_____
_____
_____
_____

7 占領と戦後改革　教科書 p. 140〜143

🔍① 教科書の[1][2]から、日本での政治参加はどのように変わったといえるだろうか。
🔍② [3]の農地改革における「解放」は、どのような変化を意味するのだろうか。

戦後初の総選挙のポスター（国立国会図書館
蔵）

> テーマへのアプローチ①ドイツと日本の
> 戦後改革には、どのような共通点と相違
> 点があったのだろうか。

> ②日本国憲法の制定には、どのような目
> 的や理想があったのだろうか。

> ③敗戦の前後で、日本の政治や社会にお
> いて、変化した点としなかった点は何だ
> ろうか。

▶占領の始まりと戦後改革

[1]ドイツの占領改革：米・英・ソ・仏による(1　　　　　)占領と(2　　　　　)統治
ナチ党・ドイツ軍の解体、旧ナチ党員の公職追放
(3　　　　　　　　　　　　)裁判：ナチ党や軍の指導者は平和や人道に対する罪に問われる

[2]日本の占領改革：アメリカ軍による実質的な(4　　　　)占領と(5　　　　)統治

  a　南西諸島(沖縄・奄美)・(6　　　　　　)諸島→アメリカ軍の直接統治下

  b　戦地からの復員

  c　植民地・支配地からの民間日本人の引揚げ

[3]連合国軍最高司令官総司令部(GHQ/SCAP)の日本統治

  a　非軍事化：陸海軍の解体・軍人の復員

  b　民主化：圧政的制度の廃止・政党の復活・言論の自由　＊ただし連合国への批判は禁止

        (7　　　　　　　　　)の付与を指示→20歳以上の男女普通選挙(1945年制定・46年実施)

        労働組合の結成奨励・教育の自由主義化・財閥解体・(8　　　　　)制度解体(農地改革)

  c　(9　　　　　　　)裁判(東京裁判)：軍・政府の戦争指導者の戦争責任を問う

  →占領統治の安定のため天皇は戦犯容疑者とはされず⇔政・財・官界・言論界の指導者は公職追放

アプローチ①

▶日本国憲法の制定

[1]経緯

GHQ は憲法改正指示→日本政府提案の改正案に不満→マッカーサー草案提示
→帝国議会での審議・修正→(10　　　　　)憲法(1946年公布・47年施行)

[2]特徴

  a　(11　　　　)主権　b　象徴天皇　c　議院内閣制

  d　戦争とそのための戦力の放棄

  e　基本的人権の尊重　f　平等権(→民法改正により男女同権の家族制度成立)

  g　生存権　h　勤労・納税・教育を受けさせる義務

アプローチ②

▶ **占領下の日本**

1 価値観の転換：(12 　　　　　　)・物資の不足・失業者増大・戦争被害・戦時体制の崩壊

→ GHQ の民主化政策の受け入れ進む

2 政党政治の復活

    a   保守勢力：戦前の二大政党系の政治家は保守勢力を形成→(13 　　　　　　　　　)党や進歩党(のち民

            主党)の結成

    b   革新勢力：人々の生活の窮乏を背景に社会主義体制をめざす革新勢力にも支持集まる

            食糧メーデー(1946年)・ゼネラル＝ストライキ(1947年・中止)など

    →(14 　　　　　　　　　)党の躍進。GHQ は中道政権の成立を歓迎

アプローチ③

●占領は日本をどのように変えたのだろうか？

8 冷戦の始まりと東アジア諸国の動向　教科書 p.144～147

① 第二次世界大戦中と大戦後で、アメリカ合衆国とソ連の関係は、どのように変化したのだろうか。
② 教科書の③のスターリンの発言から、第二次世界大戦後の世界ではどのような情勢が生じたと考えられるだろうか。

第二次世界大戦後のアメリカの冊子

テーマへのアプローチ①冷戦を特徴づけるものは何だろうか。	②冷戦は国際社会にどのような影響を与えたのだろうか。	③冷戦は1940年代後半から50年代初頭にかけて、ヨーロッパやアジアにおいてどのような形で表面化したのだろうか。

▶ 3 国関係の変容

1 背景

ソ連、ヤルタ会談(1945年)で約束したポーランドでの自由選挙を実施せず、自国の影響下へ

→アメリカの(^{1}　　　　　　　)大統領は、ソ連に対する不信感を抱く

2 対立の表面化

1946年3月、イギリス元首相チャーチル、「(^{2}　　　　　　　　)」演説＝ソ連への警戒心表明

3 (^{3}　　　　　　)政策

アメリカによる共産主義勢力の膨張阻止

　　Ⅰ　(^{4}　　　　　　　　　　)(1947年)：トルーマン大統領、イギリスにかわり、ギリシア・トルコへの支援表明

　　Ⅱ　(^{5}　　　　　　　　　　)(1947年)発表：ヨーロッパ諸国に対し、経済援助を提供

　　→西ヨーロッパ諸国は援助を受け入れる

　　　　⇔ソ連・東ヨーロッパ諸国は参加せず、(^{6}　　　　　　　　)やコメコン(COMECON)を結成

▶ 世界の二極化

1 ヨーロッパでの冷戦の深化

　　Ⅰ　(^{7}　　　　　　　　　　)、共産党一党独裁確立へ(1948年)←米ソ間で中立の立場

　　Ⅱ　(^{8}　　　　　　)封鎖(1948～49年)

ソ連、米・英・仏の西ドイツ地域における通貨改革に反発し西ベルリンへの交通遮断

→アメリカや西ヨーロッパ諸国は空輸で対抗。ソ連は交通遮断解除

2 冷戦の軍事ブロック対立化

　　a　いずれの国に対する侵略であっても、集団で防衛する同盟体制が結成される

西側：(^{9}　　　　　　　　)(NATO)(1949年)	⇔	東側：東ヨーロッパ相互援助条約 　　　　(ワルシャワ条約機構)(1955年)

　　b　アメリカとソ連を中心に、世界が西側陣営・東側陣営に分断

→実際の戦争(熱戦)には至らないものの、イデオロギー的・軍事的に鋭く対立：冷戦

アプローチ①

▶ 冷戦から熱戦へ

1 ヨーロッパ情勢

ベルリン封鎖(1948〜49年)→東西ドイツ成立(1949年)。ドイツ、分断国家へ

| 西 |：ドイツ連邦共和国(西ドイツ、5月成立)　※アメリカ・イギリス・フランス占領地域

| 東 |：(¹⁰　　　　　　　　　　　　　)(東ドイツ、10月成立)　※ソ連占領地域

2 アジア情勢

日本の敗戦と宗主国の弱体化のなかで冷戦の影響を受ける

  a　国民党に勝利した共産党の毛沢東首席、(¹¹　　　　　　　　　　　　　)の成立を宣言(1949年10月)

    Ⅰ　中ソ友好同盟相互援助条約締結(1950年)

    Ⅱ　内戦に敗れた国民党は台湾へ逃れる(中華民国政府)

  b　朝鮮半島、南北分断

  →日本敗戦後、統一国家の成立は承認されず、北緯38度線を境界にアメリカ・ソ連が分割占領

| 北 |：朝鮮民主主義人民共和国(北朝鮮、1948年成立)　※ソ連占領地域

| 南 |：(¹²　　　　　　　　)(韓国、1948年成立)　※アメリカ占領地域

3 (¹³　　　　)戦争(1950年〜)

発端：北朝鮮が朝鮮半島統一をめざし、ソ連の同意を得て韓国へ侵攻

  a　トルーマン大統領は韓国防衛のため、ソ連欠席のなか、安保理で米軍中心の(¹⁴　　　　　　)軍派遣

  b　中国は北朝鮮を支援するために軍派遣→アメリカ、台湾防衛開始へ

  →1953年、休戦協定。停戦ライン＝北緯38度線→朝鮮半島の南北分断固定化

アプローチ②

アプローチ③

●世界の分断はどのように表面化し、進んだのだろうか？

9 日本の独立と日米安全保障条約　教科書 p. 148～151

① 1951年の日本の独立には、どのような対立が生じたのだろうか。教科書の②③を参考にあげてみよう。

② 1951年に、日本の独立が、様々な対立を含みながらも実現したのはなぜだろうか。

平和条約反対の集会(1951年)

テーマへのアプローチ①この時期にアメリカが日本の独立を急いだのはなぜだろうか。	②日本の独立後、アメリカと日本はどのような関係になったのだろうか。	③独立後の日本には、どのような課題が残ったのだろうか。

▶冷戦と占領政策の転換

① 占領政策の転換

アメリカは東アジアにおける共産主義の拡大を警戒

背景：冷戦の表面化と1948年の東アジア情勢(韓国と北朝鮮の成立・中国での共産党優勢)

→非軍事化と民主化が軸の対日占領政策から、(^{1}　　　　)の復興と自立的な国家建設へ

a　財閥解体の緩和　b　官公庁労働者の争議権の否定

c　インフレの抑え込み→不況の深刻化

d　輸出の振興：1ドル=(^{2}　　　　)円の単一為替レートの設定

e　共産主義者の追放((^{3}　　　　　　))の実施　f　公職追放の解除

② 朝鮮戦争の発生

a　(^{4}　　　　　　　　)の創設(1950年)

b　独立回復準備：アメリカ軍の駐留継続・ソ連など東側陣営排除の方針

c　経済復興：アメリカ軍向けの物資・役務の需要→(^{5}　　　　)の発生

アプローチ①

▶講和への道

① 経緯

冷戦下のアメリカの意向・第3次(^{6}　　　　　　)内閣の早期独立回復方針

a　東側陣営を含む全交戦国との講和を求める主張(全面講和論)と対立

b　吉田内閣はアメリカ軍の日本駐留と基地の提供に合意⇔再軍備を拒否(将来の再軍備を約束)

② (^{7}　　　　　　　　　　)条約(1951年調印・52年発効)

日本の主権回復・国際社会への復帰

a　ソ連は調印せず。中華人民共和国と中華民国は不在→別途条約調印を必要とする

b　東京裁判の結果受諾

c　役務による賠償義務を負う⇔調印国の多くが賠償請求権を放棄

d　領土：朝鮮独立、台湾・南樺太・千島列島などの放棄

　　　　南西諸島・小笠原諸島はアメリカの施政権下

3 (8 　　　　　　　　)**条約**(安保条約、1951年調印・52年発効)

アメリカ軍の日本駐留。日本防衛義務なし

＊日米行政協定(1952年)により日本は基地や費用を分担

アプローチ②
_____

▶独立後の日本とアメリカ統治下の沖縄

1 独立回復をめぐる対立

	保守勢力	革新勢力
平和条約	西側諸国のみとの調印を支持	共産党は反対 (9 　　　　　　　)党は分裂(左派：反対　右派：賛成)
安保条約	国民民主党・自由党の一部の反対・批判 →憲法改正・(10 　　　　　　　)を主張へ	共産党・日本社会党は左派・右派とも反対

2 アメリカ軍基地問題

　　a　反対闘争の活発化(内灘〈石川県〉・砂川〈東京都〉など)

　　b　(11 　　　　　　　)協定による不公平→日米行政協定の修正(1953年)

3 再軍備

　　a　海上警備隊(のち警備隊)設置(1952年)　　b　警察予備隊→保安隊に改組(1952年)

→(12 　　　　　)協定(1954年)→保安隊と警備隊を統合し、(13 　　　　　　　)発足(1954年)

4 南西諸島

アメリカ軍の直接統治→日本への(14 　　　　　)運動の活発化

アプローチ③
_____
_____
_____
_____
_____
_____
_____
_____

●日本はどのようにして国際社会に復帰したのだろうか？
_____
_____
_____
_____

国際秩序の変化や大衆化と現代的な諸課題

❶ 対立・協調　教科書 p. 152〜153

▶日本とインドの鉄道

🔍① 日本とインドの鉄道建設について、目的や経営の主体、都市間の建設、軌間など技術や機械の国産化、国民の鉄道に対する感情など、相違点をあげてみよう。

▶日本における鉄道政策をめぐる対立

🔍② 鉄道の有効性では共通する、「改主建従」（憲政会）と「建主改従」（立憲政友会）の考え方の対立点はそれぞれ何だろうか。

　　ⓐ　利益や鉄道の恩恵はどこに集中するのだろうか。

　　ⓑ　対立側が指摘してくると予想される問題点は何だろうか。

　　ⓒ　現代の鉄道政策や諸課題とどのようにつながるだろうか。

▶鉄道事業の国有化と分割民営化

🔍③ 5 6 はそれぞれ何を危惧しているのだろうか。

④ 時代の変化とともに、鉄道の国営・民営のそれぞれ何が問題とされたのだろうか。

⑤ 世界では現在、鉄道はどのように建設・経営されているのだろうか。モータリゼーション全体の発達と役割の変化に留意して、いくつかの国をあげて比較してみよう。

◆現代社会にも、たとえば「総論は賛成だが、各論では反対」のような「対立と協調」は数多く存在している。その具体的な事例をあげて、「対立・協調」のバランスや両者の主張にみられる優先順位の違いなどに着目して考えてみよう。

❷ 統合・分化　教科書 p. 154〜155

▶アメリカ合衆国における移民に対する反応

① ①では、アメリカが必要としている移民と、できれば受け入れたくない移民はどのような人々であるといっているだろうか。

② ①②について、アメリカにとって、移民問題とは何をめぐる問題だったのだろうか。

▶アメリカ合衆国における中国人移民の状況

🔍③ ③について、下線部のアメリカ西部開拓に中国人労働者が貢献した事例としては、1869年に開通したものがある。それは何だろうか。

_____

🔍④ ④について、アメリカは1882年に中国人移民の受け入れを制限した。中国人移民はなぜアメリカで迫害されたり、うとまれたりしたのだろうか。

_____

▶日本人移民と日本の国際社会への提言

🔍⑤ ⑤⑥について、20世紀前半の日米関係にはどのような問題があったのだろうか。

_____

🔍⑥ ⑤の問題もあって、日本はパリ講和会議でどのような提案をしたのだろうか。

_____

▶第二次世界大戦と日本人移民

🔍⑦ ⑦について、第二次世界大戦中、カナダやアメリカの日本人移民はどのような状況におかれたのだろうか。

_____

🔍⑧ 私の両親と私、私の姉にはどのような違いがあるだろうか。

_____

_____

🔍⑨ ⑦の状況のなかで、日本人移民たちはどのような葛藤を抱えていたのだろうか。

_____

_____

◆現代社会にも、「統合・分化」に関連した課題は数多く存在している。具体的な事例をあげ、「統合・分化」の視点からどうとらえられるか、考えてみよう。

_____

_____

_____

❸ 平等・格差 教科書 p. 156〜157

▶開催地からみるオリンピック

🔍① ①について、地域別の開催回数を数えて表を完成させよう。また、開催都市のある国を色で塗ってみよう。

_____

_____

② ①からわかることは何だろうか。問いを立てて、その答えを歴史のなかに探ってみよう。その際に、教科書の p.44、58の世界地図も参照しよう。

③ 1964年のオリンピック東京大会は開催期間が10月10日から24日までであったが、2021年のオリンピック東京大会は酷暑の時期である 7 月23日から 8 月 8 日の期間であった。その理由と背景を経済的な面からあげてみよう。

▶競技数からみる格差と、平等の実現
④ ②のグラフと、 2 つの世界大戦後の女性参政権の承認（教科書 p.76、107）とのあいだには相関関係があるのだろうか。

⑤ 女性が参加可能な競技数が全実施競技数の半数をこえるのは何年の大会からだろうか。また、その背景として、女性の権利拡張を求めるどのような運動がいつ頃から展開されていたかを、教科書の p.178も参照して調べてみよう。その際、つぎの用語を手がかりにしてみよう。
　※フェミニズム、国際女性年、女性差別撤廃条約

⑥ ③の競技の特徴を、教科書の p.108「消費社会と大衆文化」も参照しながら、時代ごとにあげてみよう。

◆現代社会にも、「対等にみえるようだが実際には格差や差別がある」という「平等と格差」の事例は数多く存在している。大衆化やグローバル化が進んだ世界や日本において、あなたはどのような点でそれを実感するだろうか。

グローバル化と私たち

1 冷戦と国際関係　教科書 p. 158～159

① ①について、なぜチャーチルはスターリンにこのような提案をしたのだろうか。

チャーチル手書きのメモ

② 冷戦期にこれらのバルカン諸国はどうなったのだろうか。教科書 p.144の地図「東西ヨーロッパの分断」を参照してみよう。

③ ⑥のグラフと⑦の年表とを関連づけてみると、何がいえるだろうか。

④ ⑧について、核保有の年代、核拡散防止条約（NPT）の締結国と⑦とを関連づけてみると、何がいえるだろうか。

♣冷戦はどのように始まり、展開したのだろうか？　大国の指導者の思惑や核兵器保有という観点から考えてみよう。

● 「冷戦と国際関係」に関するこれらの資料を読んで、気がついたこと、もっと知りたいと思ったこと、疑問に思ったことを書き出してみよう。

2 人と資本の移動 　教科書 p.160

① ①から、どの国からどの国へ移民しているといえる
だろうか。

	韓国・朝鮮	中国	アメリカ	ブラジル	フィリピン	ペルー	その他

(年)
1995	49.1	15.4	3.4	11.7	6.0	2.4	11.9
2000	40.4	19.3	3.0	14.4	7.1	2.6	13.2
2005	30.4	22.7	2.5	13.9	8.1	2.6	19.8
2010	25.7	27.9	2.3	9.3	8.9	2.2	23.7

0　　　20　　　40　　　60　　　80　　　100(%)

日本における国籍別外国人人口の推移（総務省『平成22〈2010〉
年国勢調査』より作成）

_____

_____

_____

_____

② ②について、どの地域への投資がのびているだろうか。

_____

_____

_____

③ ③について、日本とどのような歴史的関係がある国からの外国人が多いのだろうか。また、どのような変
化がみられるだろうか。

_____

_____

_____

_____

④ なぜ④のような対応がなされるのだろうか。

_____

_____

_____

♣グローバル化のなかで、人の移動にはどのような特徴や問題が生じているのだろうか。また、資本の移動に
はどのような変化がみられたのだろうか？

_____

_____

_____

● 「人と資本の移動」に関するこれらの資料を読んで、気がついたこと、もっと知りたいと思ったこと、疑問
に思ったことを書き出してみよう。

_____

_____

_____

_____

3 高度情報通信 教科書 p. 161

🔎① ①は19世紀に日本に郵便が導入されたことに関する資料である。下線部には国内の通信の近代化にどのような意味があることが示されているだろうか。

パソコンとスマートフォンによる情報通信

🔎② ③～⑤について、電信網の開発により、どのような情報がやりとりされるようになったのだろうか。

🔎③ ⑥について、21世紀のインターネットの普及には、どのような特徴があるのだろうか。

🔎④ 今日の高度情報化社会により可能になったことと、課題となったことをあげてみよう。

♣現代は、情報が他の資源と同様の価値をもち、社会の中心となる高度情報社会であるといわれる。情報通信技術の発達は、社会をどのように変えてきたのだろうか？

● 「高度情報通信」に関するこれらの資料を読んで、気がついたこと、もっと知りたいと思ったこと、疑問に思ったことを書き出してみよう。

① ①～③について、食料問題と人口構成には、どのような関連がみられるだろうか。

_____

_____

_____

ジンバブエの人口ピラミッド（2010年）（UN World Population Prospects 2019より作成）

② 日本の人口構成が変化した背景と特徴をあげてみよう。

_____

_____

_____

③ ④について、1950～70年代の欧米各国における出生率はどのように推移しているのだろうか。

_____

_____

_____

④ 1980年代から現在までの欧米各国と日本の出生率を比較してみよう。またその背景には何があるのだろうか。

_____

_____

_____

♣食料が不足している国と、足りている国とでは、人口構成にどのような違いがみられるだろうか？　足りている国のなかでも出生率の推移に違いはあるのだろうか？

_____

_____

_____

_____

● 「食料と人口」に関するこれらの資料を読んで、気がついたこと、もっと知りたいと思ったこと、疑問に思ったことを書き出してみよう。

_____

_____

_____

_____

5 資源・エネルギーと地球環境　教科書 p. 163

🔍① ①の現象の背景には、どのような環境問題があるのだろうか。
また、それ以外にどのような問題があるのだろうか。

アメリカ、アラスカ州のミューア氷河(2004年8月)

_____

_____

_____

_____

_____

🔍② ④の宣言を実効あるものにするには、何をすべきだろうか。

_____

_____

_____

_____

🔍③ ⑤について、森林面積の減少が激しい地域はどこだろうか。

_____

_____

_____

🔍④ 地球温暖化問題とどのような関係があるのだろうか。

_____

_____

_____

♣地球環境問題の様々な側面を、資料から分析してみよう。国際社会はそれにどう対応しようとしているのだろうか？

_____

_____

_____

● 「資源・エネルギーと地球環境」に関するこれらの資料を読んで、気がついたこと、もっと知りたいと思ったこと、疑問に思ったことを書き出してみよう。

_____

_____

_____

_____

_____

6 感染症　教科書 p.164

① ①②の資料から、歴史的に感染症の発生はどのような状況で生じているといえるだろうか。

インフルエンザの大流行（1918年、第1波）

_____

_____

_____

② ③について、発生国に共通する特徴は、どのようなものだろうか。

_____

_____

_____

③ ④について、なぜインフルエンザは1918年に急速に全世界へ広まったのだろうか。

_____

_____

_____

_____

④ ⑤について、天然痘など、感染症根絶の取組についての功と罪を考えてみよう。

_____

_____

_____

_____

♣感染症と人間の活動には、具体的にどのような関係があるのだろうか？

_____

_____

_____

_____

● 「感染症」に関するこれらの資料を読んで、気がついたこと、もっと知りたいと思ったこと、疑問に思ったことを書き出してみよう。

_____

_____

_____

_____

_____

7 多様な人々の共存 教科書 p.165

① 1 2について、国旗には、南アフリカがどのような社会を実現しようとしていることが表れているのだろうか。

② これまでにも移民を受け入れてきたドイツで、新たに3のような通達が出されるようになったのはなぜだろうか。

③ 4から、日本における日本人と外国人の人口について気づいたことをあげてみよう。

④ 4 5について、これからの日本社会のなかで、多様な人々の共存をはかるためには、どのような課題を解決する必要があるのだろうか。

♣近代では、「国民」や「民族」といったまとまりが形成されるとともに、国境をこえた人々の移動も活発になった。この時、近代国家にはどのような課題が生じ、それをどのように克服してきたのだろうか。

●「多様な人々の共存」に関するこれらの資料を読んで、気がついたこと、もっと知りたいと思ったこと、疑問に思ったことを書き出してみよう。

日本に在留する外国人とその人口の推移（法務省「登録外国人統計／在留外国人統計」などより作成）

1 冷戦下の地域紛争と脱植民地化　教科書 p. 168〜173

① 教科書の①②の写真から、冷戦下でアジアの人々は、どのような状況にあったといえるだろうか。

② ③から、冷戦下のアジアやアフリカ諸国は、どのような動きをみせたといえるだろうか。

ベトナム戦争で戦火を逃れる住民
（沢田教一撮影、1965年）

テーマへのアプローチ①冷戦は、第二次世界大戦後に独立・建国した国々にどのような影響をおよぼしたのだろうか。	②アメリカや韓国は、なぜベトナム戦争を戦ったのだろうか。日本政府はどのような立場をとったのだろうか。	③新たに独立した国々を中心とする第三世界は、冷戦や旧支配国にどのような反応を示したのだろうか。

▶ 冷戦下の地域紛争

冷戦：米ソ対立にとどまらず、世界の多くの国や地域を巻き込んだ対立

　a　ヨーロッパのみならず、アジア・アフリカ地域にもおよぶ

　b　宗教対立や民族対立による分断も生じる

▶ 朝鮮戦争と東アジア情勢

1 朝鮮戦争（1950年〜）

1953年に休戦し、朝鮮の南北分断固定化

　a　北：朝鮮民主主義人民共和国（北朝鮮）。ソ連・中華人民共和国が支援

　b　南：大韓民国（韓国）。アメリカと同盟＝米韓相互防衛条約（1953年）

2 2つの中国の並存

朝鮮戦争勃発と同時に、アメリカは台湾の中華民国政府を支援開始

　a　大陸：中華人民共和国（1949年）。ソ連が支援＝中ソ友好同盟相互援助条約（1950年）

　b　台湾：内戦に敗れた国民党による中華民国政府。アメリカが支援＝米華相互防衛条約（1954年）

▶ アラブ諸国と中東戦争

1 アラブ諸国の動向

（1 　　　　　　　　　）結成（1945年）：エジプト・シリアなど7カ国による

2 第1次中東戦争（パレスチナ戦争、1948〜49年）

　a　パレスチナの状況：第一次世界大戦後、イギリスの委任統治領となる

　→従来から居住するアラブ人と欧米から移住してきた（2 　　　　　）人とのあいだで土地争い

　b　国際連合、1947年に（3 　　　　　　　　　）案決議

　→パレスチナをユダヤ人国家・アラブ人国家に分割

　　Ⅰ　ユダヤ人：分割案受け入れ→（4 　　　　　　　）建国（1948年）

　　Ⅱ　アラブ人：アラブ諸国、承認せず→第1次中東戦争（パレスチナ戦争）勃発（1948年）

　c　第1次中東戦争の結果：イスラエル勝利

　→パレスチナの約80％を支配下へ。アラブ人、難民となる

3 第2次中東戦争（スエズ戦争、1956年）

　a　エジプトの状況：シナイ半島を挟んでイスラエルと接する

　→エジプトは軍の近代化を推進し、（5 　　　　　）に接近

b　第2次中東戦争

　　　英・米はソ連に接近したエジプトを封じ込めるためにアスワン＝ハイダムへの融資撤回（1956年）

→エジプト大統領ナセルは（6　　　　　　　　）の国有化宣言

　　Ⅰ　イギリス・（7　　　　　　　　）はアラブ諸国と対立していたイスラエルとともにエジプト侵攻

　　Ⅱ　ナセル、国際世論の支援を受けて侵略軍を撤退させる。アラブ民族運動主導

4 第3次中東戦争（1967年）

イスラエルが奇襲→エジプトの（8　　　　　　　　）・シリアのゴラン高原など占領

5 パレスチナの状況

（9　　　　　　　　　　　　）（PLO）を率いるアラファト議長を中心にイスラエルとの武装闘争展開

▶南アジア・東南アジア諸国の独立とインドシナ戦争

第二次世界大戦後、イギリスやフランスなどの植民地支配は動揺

1 南アジア

a　インド：第二次世界大戦中よりガンディー・ネルーらが率いる国民会議派は即時独立を要求

　　ガンディー：統一インドでの独立を主張

⇔全インド＝ムスリム連盟：イスラーム国家パキスタンの独立を主張

　　Ⅰ　イギリスはインド・（10　　　　　　　　）の分離・独立を承認（1947年）

　　Ⅱ　ヒンドゥー・イスラム両教徒の衝突が生じ、数年間で住民の大量移動が発生

　　Ⅲ　「独立の父」ガンディー、ヒンドゥー教徒に暗殺される（1948年）

b　セイロン（スリランカ）：イギリスから独立（1948年）

　　多数派：仏教徒のシンハラ人　⇔　少数派：ヒンドゥー教徒のタミル人

2 東南アジア

a　ビルマ（ミャンマー）：イギリス植民地→第二次世界大戦中は日本の軍政支配→独立（1948年）

b　フィリピン：アメリカから独立（1946年）したが新政府は共産系の抗日人民軍を制圧できず

c　インドネシア：大戦中に日本に協力して独立をめざした（11　　　　　　　　）が大統領となり、1945
　　　　　　　　　　年に独立宣言

→オランダは独立を認めず武力介入するも、1949年にインドネシア共和国の独立を承認

d　インドシナ：インドシナ戦争(1946〜54年)

背景：(12　　　　　　　　　　　　)独立宣言(1945年)。大統領：ホー゠チ゠ミン。社会主義国

→フランスは反発、インドシナに軍事介入→インドシナ戦争勃発(1946年)

Ⅰ　ディエンビエンフーの戦いでフランス軍大敗(1954年)

Ⅱ　(13　　　　　　　　　　)国際会議で休戦協定(1954年)。米・英・ソ・仏・中など18カ国参加

Ⅲ　北緯17度線を境に北：ベトナム民主共和国、南：ベトナム国(1955年以降ベトナム共和国)が並存

e　ラオス・(14　　　　　　　　)の独立(1953年)もジュネーヴ国際会議で承認される

アプローチ①

_____

_____

▶ベトナム戦争

1南ベトナム

　a　アメリカが支援

　b　北ベトナムと連携した(15　　　　　　　　　　　　　)の活動が活発化し不安定になる

→アメリカはこの動きをソ連・中華人民共和国に率いられた東側陣営による侵略の試みと判断

2ベトナム戦争(1965〜75年)

　Ⅰ　アメリカはジョンソン大統領(民主党)のもと、南ベトナムを支援、北爆

　　a　韓国はベトナムへ派兵

　　b　日本政府はアメリカの立場支持。国内では沖縄の米軍基地利用への批判・ベトナム反戦運動

　Ⅱ　戦争は泥沼化。アメリカ国内世論は二分され、ベトナム反戦運動激化

→(16　　　　　　　　　)大統領(共和党)は駐留米軍の規模を縮小。1972年、中華人民共和国訪問

　　→パリ和平協定(1973年)によりアメリカ軍は南ベトナムから完全に撤退

　Ⅲ　南ベトナムの都サイゴン陥落(1975年)

→ベトナム社会主義共和国成立(1976年)→南北ベトナム統一。アメリカの共産主義への封じ込め失敗

アプローチ②

_____

_____

▶第三勢力の結集

1「第三世界」

　a　冷戦時代の東西両陣営以外の地域

　b　1950年代以降、アジア・アフリカ諸国の独立

→一部はアメリカ・ソ連どちらの陣営にもくみせず、「第三勢力」として中立・自立路線をとる

2(17　　　　　　　　)(1954年)

　a　中華人民共和国首相周恩来とインド首相ネルーが会談・発表

　b　領土・主権の相互尊重、相互不可侵、相互の内政不干渉、平等互恵、平和共存

3(18　　　　　　　　)**会議**(バンドン会議、1955年)

　a　インドネシアのバンドンで開催

　b　日本含むアジア・アフリカ29カ国が参加、「平和十原則」宣言

▶アフリカの独立

1アフリカ諸国の独立

1950年代後半から、アフリカ諸国の独立があいつぐ

a　北アフリカ地域：1956年、チュニジア・モロッコ独立

　　　　　　　　　　1962年、アルジェリアがフランスと激戦の末独立

　　b　サハラ砂漠以南：1957年、ンクルマ（エンクルマ）指導のもと、イギリスからガーナ独立

　　　　　　　　　　1958年、ギニア独立

　　c　「アフリカの年」：1960年、17カ国独立

　　＊1960年、独立したコンゴ（現、コンゴ民主共和国）では地域対立からコンゴ動乱（〜1965年）へ

2 アフリカ諸国の連帯

(19　　　　　　　　　　　　　)（OAU）結成（1963年）

→連携をはかるも、経済的な立ち遅れや地域紛争などに十分な対応できず

▶非同盟諸国への流れ

1 (20　　　　　　　　　　　　　)**会議**開催（1961年）

ユーゴスラヴィアのティトーらの呼びかけで、ユーゴスラヴィアの首都ベオグラードで開催

→25カ国参加。平和共存、民族解放の支援、植民地主義の打破をめざし、共同歩調をとることとする

2 第1次石油危機と世界経済の混乱

1974年、国連資源特別総会でIMF・GATT体制の変革を求める決議

アプローチ③

_____

_____

_____

_____

_____

_____

_____

_____

_____

_____

_____

●冷戦下で、アジアやアフリカ諸国はそれぞれどのような動きをみせたのだろうか？

_____

_____

_____

_____

2 東西両陣営の動向と1960年代の社会　教科書p.174〜179

①教科書の①②は、アメリカ合衆国を中心とする資本主義陣営・ソ連を中心とする共産主義陣営の社会の理想をそれぞれどのように描いているのだろうか。

②①②の理想と実際とはどのような違いがあったのだろうか。

「偉大なスターリンのもとで共産主義に邁進しよう！」（ソ連、1951年）

アメリカの郊外住宅地の家族像
（『The Saturday Evening POST』表紙、1955年）

テーマへのアプローチ①アメリカ合衆国および西ヨーロッパ諸国の関係は、どのような変化をみせたのだろうか。

②ソ連の東ヨーロッパ諸国に対する影響力は、1950年代・1960年代でどのように変化したのだろうか。

③1960年代、人々は何をめざしてどのような運動を展開したのだろうか。

▶アメリカ合衆国の動向

①1950年代のアメリカ社会

a アメリカ社会：郊外に白人中産階級の居住する一戸建てからなる均一的な社会が形成される
　　　　　　　　高速道路網と大量に供給された自動車が、職場と住居を結ぶ

b アメリカ経済：1950年代には一時的に景気後退

→1960年代には豊かな社会実現（「黄金の60年代」）

c 「(¹　　　　　　　)」旋風：1950年より強い反共主義のもとでおきた知識人・公務員の思想追及運動

②アメリカ政府の動向

政権：トルーマン（民主党/1945〜53）→アイゼンハワー（共和党/1953〜61年）
　　　　→ケネディ（民主党/1961〜63）→ジョンソン（民主党/1963〜69年）

基本的にはニューディール的な(²　　　　　　　　　)路線続く。1960年代には以下のものが実現

a 黒人を含めた大規模な貧困対策

b (³　　　　　　　)法制定（1964年）＝人種差別撤廃

c 高齢者に対する政府の医療福祉政策

d すべての国に開かれた移民制度成立（1965年）→アジア・ラテンアメリカ地域からの移民が増加

▶西ヨーロッパ諸国の動向

①西ヨーロッパ諸国の経済復興

西ヨーロッパ諸国はマーシャル＝プランの支援を受けて、1950〜70年に高い経済成長率

→福祉国家路線へ

a 国民への再配分政策。年金・失業対策・生活保護などが拡充

b 労働者・労働組合の支持を受けた政党が主導権。保守系政党も福祉国家路線を一部受け入れる

2 西ヨーロッパ統合の動き

戦争をしない仕組み：フランスと西ドイツの協調

→石炭鉄鋼共同体(ECSC)の結成(1952年)

　フランス外相シューマンの提案。フランス・西ドイツ・イタリア・ベネルクス3国により結成

3 フランス

政局不安定。(4　　　　　　　　　)の独立問題など解決できず→第四共和政が崩壊(1958年)

(5　　　　　　　　)政権：1959年、ド゠ゴールが第五共和政の大統領となる

　a　アルジェリアの独立承認(1962年)→第五共和政のもとでフランスの政局安定

　b　アメリカから距離をおいた政策展開

　→核兵器保有、中華人民共和国の承認(1964年)、(6　　　　　　　　)への軍事協力拒否

4 西ドイツ

(7　　　　　　　　　　)首相のもとで経済復興。1955年、NATO加盟

→再軍備。ソ連との国交回復

5 イギリス

　a　1960年代：経済危機・ポンド切り下げ問題に悩む

　b　1956年：第2次中東戦争→スエズ以東より撤兵するなど世界での影響力縮小

アプローチ①

▶ 東ヨーロッパ諸国とソ連の動向

1 東ヨーロッパ諸国の状況

政治的自由の制限・経済的にも停滞

⇔西ヨーロッパ諸国：表現の自由・政治的結社の自由・繁栄を謳歌

2 (8 　　　　　　　　)建設(1961年)

東西ベルリン＝東西ヨーロッパ格差の象徴

背景：東ベルリンで反ソ暴動(1953年)→ソ連による鎮圧

　　　　→東ドイツから西ドイツへ人口流出続く

　　→東ドイツは人材の流出を防ぐために東西ドイツの境界線上に壁を建設

3 ソ連の転換と東ヨーロッパ情勢

スターリン死去(1953年)→(9 　　　　　　　　)が実権掌握

→(10 　　　　　　　　　　)(1956年)：フルシチョフが、スターリンの独裁・粛清・個人崇拝を批判

　　→東ヨーロッパ諸国に自由化・ソ連支配からの解放の動き

　　a　ポーランド：反ソ暴動→ポーランド政府、この動きをおさえる

　　b　ハンガリー：自由化の動き→ソ連が軍事介入、鎮圧。親ソ政権成立

4 ソ連の対西側陣営対応

(11 　　　　　　　　)路線＝「雪どけ」へ：ジュネーヴ4巨頭会談(1955年)、フルシチョフ訪米(1959年)

⇔西側軍隊の西ベルリン撤退要求(1961年)、キューバ危機など(1962年)

5 「(12 　　　　　　　　)」(1968年)

チェコスロヴァキア、ドプチェク指導のもと政治・経済の自由化

→(13 　　　　　　　　)第一書記率いるソ連はワルシャワ条約機構軍を動員、軍事介入

＊ブレジネフの主張「社会主義共同体全体の利益が個別の国家的利益より優先」：(14 　　　　　　　　　　)

アプローチ②

▶ 差別反対運動

1 差別反対運動：生まれつきもっている属性にもとづく差別に反対

近代化が積み残してきた課題の解決を求める

　　a　背景：第二次世界大戦＝総力戦

　　→男女、本国人・植民地住民、人種の区別なく多くの人々が様々な形で参戦→権利意識をもつ

　　b　代表的な運動：植民地独立運動、女性解放運動(フェミニズム)、人種差別反対運動など

2 女性解放運動：(15 　　　　　　　　)

1960年代、アメリカを中心に性別役割分担の批判、人工妊娠中絶の合法化要求など活発化

3 (16 　　　　　　)運動：アメリカで隆盛した黒人差別反対運動

　　a　契機：1955年、アラバマ州で黒人女性がバスの白人専用座席に座り逮捕される

　　→(17 　　　　　　　　)を指導者とする公民権運動が展開。1963年、ワシントン大行進

　　b　公民権法制定(1964年)：事業場・公共施設・選挙人登録などにおける差別禁止

　　→公的な黒人差別消滅

▶ 1968年

1 1960年代「青年の反乱」

とくに1968年には米・仏・日などで大規模な「青年の反乱」があいつぐ

→教育などの大衆化に一部の制度や組織が十分な対応をとりきれてないなかで生じる

 a アメリカ：1960年代半ば以降、(¹⁸   )運動が大学生を中心に広まる

 →多くの大学は運動を禁圧→不満をもった大学生による大学占拠あいつぐ

 b フランス：(¹⁹   )（五月革命、1968年）

 背景：ベビーブーム世代が大学進学→フランスの大学設備の貧弱さ・教育内容の古さに幻滅

  Ⅰ 大学生、大学改革を求めてデモ・ストライキ実施

  Ⅱ 労働組合が支持し、社会的・政治的な性格へ

  Ⅲ 政府は大学生や労働組合に譲歩、事態収拾へ

アプローチ③

●東西両陣営の社会は、どのように変わったのだろうか？

3 軍拡競争から緊張緩和へ　教科書 p.180〜183

教科書①②の問い

① ①で両者が座っているものは何だろうか。

② ②はある場所からのミサイルの射程範囲を示すものである。ある場所とはどこだろうか。そこからアメリカ合衆国の首都ワシントン D.C. までどれくらいの距離だろうか。

③ ①は、いったい何を風刺したものだろうか。

教科書③の問い

① ③の「ゴジラ」の設定はどのような社会背景と関わっているだろうか。

1962年の国際的な対立と危機を示す風刺画(『Daily Mail』)

テーマへのアプローチ①キューバ危機によって世界はどのように変化したのだろうか。	②なぜ米ソは1970年代前半に、デタント(緊張緩和)政策を選択したのだろうか。	③核不拡散体制誕生の背景と、その成果と課題は何だろうか。

▶核軍拡の展開

①核開発競争

冷戦期の米ソ対立の中核的部分は(¹　　　　　)→ミサイル開発競争へ

 a 米:アイゼンハワー政権は国防費抑制→核兵器依存の戦略

 b ソ:人工衛星(²　　　　　　　)打ち上げ(1957年)→アメリカでミサイル=ギャップ論

→ケネディ政権(米)、通常兵器と核兵器双方の開発で核ミサイル能力が強化されたが財政圧迫

②(³　　　　　　　)(1962年)　＊キューバではカストロらによる社会主義革命政府が樹立

 発端:キューバにおけるソ連のミサイル基地建設が発覚(1962年)

 展開:アメリカによる海上封鎖→米ソ関係の緊張、核戦争の危機

 結果:ソ連が譲歩してミサイル撤去、米・英・ソで(⁴　　　　　　　　)条約(1963年)

 →関係改善へ

アプローチ①

▶反核・平和運動の流れ

①第五福竜丸事件(1954年)→広島で第1回(⁵　　　　　　　　　　)(1955年)

②(⁶　　　　　　　)会議(1957年)←アインシュタインやラッセルらの呼びかけで科学者が参加

▶デタント(緊張緩和)政策

①背景

 a 米:(⁷　　　　　)戦争で休戦協定を結ぶため、ソ連と一定の協力が必要

 b ソ:核ミサイルの軍拡競争が経済的に負担

②展開

中ソ対立のなか、ニクソン米大統領が訪中→ソ連へのゆさぶりとなる

→1972年、戦略兵器制限交渉(SALT Ⅰ)妥結=(⁸　　　　　　　　　)政策

③影響

 a 西独で社会民主党のブラント首相が(⁹　　　　　　)を開始

 →東西両ドイツ相互承認(1972年)、翌年両国ともに(¹⁰　　　　　　)加盟

b　フィンランドで全欧安全保障協力会議開催→(11　　　　　　　　　　　）採択(1975年)

アプローチ②
_____
_____

▶核拡散防止条約の成立

1 (12　　　　　　　　　）**条約**(NPT)調印(1968年)

核兵器保有国(米・ソ・英、のちに仏・中)は核兵器削減のための交渉義務を負う

⇔現在まで実現されず

＊アメリカの(13　　　　　　　　　　　　）事故(1979年)

アプローチ③
_____
_____

▶デタント(緊張緩和)の崩壊

1 米ソ対立

1970年代後半、ソ連がアジア・アフリカ・ラテンアメリカ諸国の左派政権と強い関係を築く

→米ソの対立が深まる

2 第2次(14　　　　　　　　　　　　）(SALT Ⅱ)調印(1979年)

⇔同年、ソ連がイラン゠イスラーム革命の波及を恐れ、(15　　　　　　　　　　　）に軍事介入

→ SALT Ⅱのアメリカでの批准は絶望的になり、デタント(緊張緩和)の終焉

_____
_____
_____
_____
_____
_____
_____
_____
_____

●核兵器の開発とその抑制は、どのように試みられてきたのだろうか?

_____
_____
_____
_____

4 地域連携の形成と展開 　教科書 p. 184〜187

イギリスを妨害するド＝ゴール大統領

教科書①の問い

①　①の看板の文字には何が書かれているのだろうか。

②　何年のどのようなできごとを風刺しているのだろうか。風刺画をよくみて答えよう。

③　ド＝ゴールがイギリスの進路を妨害しているのはなぜだろうか。また、この絵を描いたのはイギリスとフランスどちらの画家だろうか。

教科書②の問い

①　ヨーロッパ人としての意識が高い国と低い国をそれぞれあげ、その理由を説明しよう。

②　ヨーロッパ人意識を高める手段や仕掛けにはどのようなものがあるのだろうか。

テーマへのアプローチ①ヨーロッパ統合にはどのような背景と歴史的な過程、困難があったのだろうか。	② ASEAN はどのような背景で成立し、どのように性格を変化させたのだろうか。	③アフリカ統一機構が果たした役割や残された課題は、どのようなものだったのだろうか。

▶西ヨーロッパの統合

1（¹　　　　　　　　　　　　　　　　　）（ECSC、1952年）

背景：フランスとドイツの和解による平和実現への希求、米ソの狭間での影響力低下への反省

→フランスのシューマン外相が提案

原加盟国：フランス・西ドイツ・ベネルクス３国・イタリア

2ヨーロッパ経済共同体（EEC、1958年）・（²　　　　　　　　　　　　　　　　）（EURATOM、1958年）

関税の相互引き下げ、共通の商業・農業政策、資本・労働力移動の自由化

3（³　　　　　　　　　　　）（EC、1967年）：３共同体の合併、西ヨーロッパ統合の基礎

⇔（⁴　　　　　　　　　）は EEC に参加せず、ヨーロッパ自由貿易連合（EFTA、1960年）を結成して対抗

4拡大 EC（1973年）

背景：イギリスの加盟に反対していたフランスのド＝ゴールが退陣

　　　第１次石油危機（1973年）による EC の経済的動揺→イギリスなどの加盟承認

→1980年代にギリシア・スペインなど（⁵　　　　　　　　　）諸国も加入して巨大な統一市場に発展

アプローチ①

▶東南アジアでの連携

1東南アジア条約機構（SEATO、1954年）

（⁶　　　　　）主義の拡大防止をめざす。アメリカも参加→77年解散

2（⁷　　　　　　　　　　　　　　）（ASEAN、1967年）：地域的協力組織。当初は反共産主義的性格

原加盟国：インドネシア・マレーシア・フィリピン・シンガポール・タイ

⇔1971年、（⁸　　　　　　　　　　　）宣言→80年代以降は経済分野での協力が中心に

　　→ブルネイ・ベトナム・ビルマ（ミャンマー）・ラオス・カンボジアが加入

3 現在：ASEAN とヨーロッパ、日・米・中・韓との対話の場が増加

アプローチ②

_____

_____

▶ アラブ・アフリカ・南北アメリカ

1（⁹　　　　　　　　　）**結成**（1945年）

アラブ諸国の協力と連帯をめざす。パレスチナ問題ではイスラエル建国に反対

→現在も（¹⁰　　　　　　　　）会議を毎年開催するが、イスラエルとの関係では加盟国内で不一致

2 アフリカ

    a　　1950年代後半から多数の国が独立。「アフリカの年」（1960年）には17カ国が独立

    b　（¹¹　　　　　　　　　　）結成（OAU、1963年）

    →アフリカ諸国の連帯、植民地主義の克服をめざす

    ⇔内政不干渉を原則としているため、大規模内戦型紛争に関与せず

3 南北アメリカ

アメリカ合衆国が圧倒的な経済力と軍事力をもつ

    a　（¹²　　　　　　）協定採択（1947年）：アメリカ主導の共同防衛と相互協力を約束

    b　米州機構（OAS）結成（1948年）：アルゼンチン（ペロン大統領）、キューバ（カストロ首相）などは反
        米的態度→1970年代前半まではアメリカが内政に干渉

    c　ラテンアメリカ諸国にとって、問題は（¹³　　　　　　　　）と経済的自立の達成

アプローチ③

_____

_____

_____

_____

_____

_____

_____

●ヨーロッパの統合と東南アジアやアフリカなどの統合の特徴は何だろうか？

_____

_____

_____

5 計画経済とその波及 教科書p.188〜191

中国の農村での朝食の様子（1958年）

教科書①の問い
1️⃣ みなどのような服を着ているのだろうか。
2️⃣ この人々はどのような関係だろうか。
3️⃣ 食事が無料とはどういうことだろうか。

教科書②の問い
1️⃣ 何年のどのようなできごとを表しているだろうか。
2️⃣ それは世界にどのような影響を与えたのだろうか。

テーマへのアプローチ①第三世界にとって、社会主義の魅力はどこにあったのだろうか。

②ソ連の社会主義経済において、1970年代から表面化する欠点とは何だろうか。

③中華人民共和国の大躍進運動やプロレタリア文化大革命の背景には、何があったのだろうか。

▶第三世界からみたアメリカとソ連

①ソ連

a 社会主義のもと人工衛星でアメリカに先んじ、核・ミサイル兵器でも互角

b （1　　　　　　）のない社会、勤労者が支配する社会という理想が第三世界諸国にとって魅力的
→1950年代はソ連経済が好調、政府主導による（2　　　　　　）のモデルとみなされる

②アメリカ

自由と民主主義という価値観の魅力を説く。安全保障・軍事援助・経済援助の提供が手段
→アメリカや先進資本主義国は旧植民地宗主国でもあり、「（3　　　　　　）」との批判を受ける

アプローチ①

▶計画経済の広がり

①インド：（4　　　　　　）首相と国民会議派のもとで、「社会主義型社会」を目標に五カ年計画を推進

a 経済：政府主導の保護貿易主義的な重化学工業化。国営企業中心（1969年以降、主要銀行国有化）
b 政治：（5　　　　　　）主義を遵守

②北ベトナム・キューバ：（6　　　　）型社会主義を踏襲

③西側先進国

1970年代まで、社会主義政党・社会主義的思想・社会主義的政策（国有企業など）も根強い支持

▶ソ連の不安定化

①経済：（7　　　　　　）と軍需産業重視⇔消費財分野軽視→西側製品との品質の差が広がる

②外交：アメリカとの（8　　　　　　）をめざす外交⇔帝国主義との対決路線をとる中国と衝突

→中国への経済援助停止・ソ連技術者引き揚げ（1960年）

（9　　　　　　）対立：中ソ国境で軍事衝突（1969年）

③社会：言論・結社の自由、自由な報道機関、自由意思にもとづく（10　　　　　　）なし

政府高官の失政や汚職は報道されず、一般国民との巨大な格差

4 **立ち遅れ**：新産業を生み出す能力の欠如、個人投資・創意工夫・勤労意欲・経済的誘因などの抑圧
バクー油田など石油と天然ガスを保有していたため、(^{11}　　　　　　）に遅れる
⇔西側諸国は石油危機への対応から省エネルギー型経済構造に

アプローチ②

_____

_____

▶ 中国社会主義体制の形成 ▶ 転変する中華人民共和国

1 **背景**：朝鮮戦争でアメリカと対立

2 **社会主義化**

 a 私営企業消滅→国営化・土地改革ののち、農業の(^{12}　　　　　　）が進む(労働に応じて成果分配)

 b (^{13}　　　　　　　　)(1957年〜)：共産党を批判した知識人を弾圧

3 **大躍進政策開始**(1958年)

急速な社会主義建設、農村に(^{14}　　　　　　)設立→失敗し、毛沢東の発言力低下

4 **国際的孤立**

 a アメリカとの対決を視野に原子爆弾実験(1964年)

 b 中ソ対立

 c チベット自治区での武力行使→(^{15}　　　　　　)との関係も悪化

5 (^{16}　　　　　　　　　　)**開始**(1966年)

復権をはかる毛沢東が大衆運動をあおる→党組織の破壊、無秩序な暴力

→軍による事態収拾、学生は農村へ送られる

6 **米中接近**：中ソ対立を背景にニクソン訪中(1972年)、田中角栄訪中「日中共同声明」(72年)

アプローチ③

_____

_____

_____

_____

_____

_____

●社会主義とその計画経済が20世紀後半の世界に与えた影響は何だろうか？

_____

_____

_____

6 日本の高度経済成長　教科書 p. 192〜195

① 教科書の①②について、1960年代に自家用車の販売が急速にのびたのはなぜだろうか。生産と消費の両面から考えてみよう。
② ③について、都市部で経済成長を支えたのはどのような人たちだったのだろうか。

マイカー時代の訪れ（トヨタ自動車株式会社蔵）

テーマへのアプローチ①日本の高度経済成長の要因は何だろうか。	②自民党政権が経済成長を重視するようになったのはなぜだろうか。	③高度経済成長の負の側面とは何だろうか。

▶経済復興と国際経済秩序への参入

①自由貿易体制

(1　　　　　　　　　　)体制と GATT →日本の IMF 加盟（1952年）・GATT 加盟（1955年）

②特需の発生

(2　　　　　　)戦争（1950年〜、53年休戦）の特需により経済復興が軌道に乗る

→1955年以降、(3　　　　　　　　)による(4　　　　　　　)をめざす（「もはや戦後ではない」）

▶自民党と社会党

①1955年体制

保守：自由党の分裂 ──→自由党─────────→(5　　　　　　)党結成
　　　　　　　　　　└→日本民主党──────┘　（憲法改正・再軍備）

革新：社会党の再統一　右派─────────→社会党　1／3の議席、最大野党
　　　　　　　　　　　左派──────┘　　（改憲阻止・非武装中立）

②自民党と安保改定

a　鳩山一郎内閣：ソ連との国交回復（日ソ共同宣言）→(6　　　　　　)への加盟

b　岸信介内閣：日米安保条約改定→アメリカの日本防衛義務明記（日米相互協力及び安全保障条約）

　　社会党：安保条約改定への反対→新条約の批准反対→自民党の強行採決→大規模デモの発生

　　＊条約調印は内閣の権限だが、発効には国会での承認（批准）が必要

→新条約自然成立後、岸内閣退陣→自民党政権は、経済成長・生活の豊かさ求める方向に転換

c　池田勇人内閣：(7　　　　　　)計画→減税や公共投資による経済成長支援

　　　　　　　　　社会保障制度の充実・教育機会の拡大

→社会党の意見も取り入れ対立回避→長期政権

▶高度経済成長

背景：a　良質で豊富な労働力：戦前から蓄積

　　　b　低価格の(8　　　　　　)：おもに中東の産油国から海運により輸入

　　　c　生産技術の革新：(9　　　　　)・造船・自動車・化学などの分野

　　　d　世界経済の成長：「黄金の60年代」のアメリカが日本製品の主要市場

結果：年率平均10%前後の経済成長・人口１人当たり GDP3.5倍。世界第２位の経済大国へ

　　　(10　　　　　　　)の高度化・国民の生活水準の向上

アプローチ①

_____

アプローチ②

_____

▶高度経済成長がもたらしたもの

1 経済成長の長期化

貧富差の縮小・個人消費の拡大→社会階層の(11　　　　　　)・(12　　　　　　)と(13　　　　　　　)の普及

2 ひずみ

    a　(14　　　　　　　　　)地帯への工業の集中→都市と農村の格差拡大:(15　　　　　　)

    b　(16　　　　　　　)などの環境の悪化

    →カウンター゠カルチャーの高まり→(17　　　　　　)運動や環境保護運動

      →公害対策基本法制定(1967年)・環境庁設置(1971年)

アプローチ③

_____

●高度経済成長をもたらしたものとその影響は何だろうか?

_____

7 アジアのなかの戦後日本　教科書 p.196〜199

①沖縄のスーパーで、1972年5月に「ドルさようならセール」が実施された
のはなぜだろうか。

②1972年という同じ時期に、沖縄の状況や日中関係が大きく変わった背景に
は何があったのだろうか。

ドルさようならセール

テーマへのアプローチ①日本から東南アジア諸国への賠償は、戦後の国際関係において、どのような役割を果たしたのだろうか。	②日本と韓国・中国との国交正常化には、なぜ長い時間がかかったのだろうか。	③日本とアメリカはどのようにして、沖縄返還に合意したのだろうか。

▶日華平和条約と東南アジア諸国への賠償

1 背景

サンフランシスコ平和条約の課題

    a　(1　　　　　)(中華人民共和国・中華民国)との国交樹立

    b　(2　　　　　)・北朝鮮との国交正常化

    c　(3　　　　　　　)諸国への賠償

2 展開

    a　(4　　　　　　)条約：中華民国(台湾)政府を唯一の中国政府として承認

    b　東南アジア諸国への賠償：(5　　　　)・生産物の無償提供と(6　　　　　)

    →経済開発の支援・日本の経済進出の機会に

アプローチ①

▶韓国・中国との関係改善

1 韓国との国交正常化交渉の開始 (1952年)

    Ⅰ　交渉の難航→アメリカの日韓国交正常化要求

    Ⅱ　韓国で(7　　　　)政権の成立→(8　　　　　　)条約締結(1965年)

    a　たがいに賠償・請求権放棄

    b　日本から韓国への経済協力

    c　北朝鮮とは国交正常化せず

2 中華人民共和国との関係改善

背景：民間貿易は増大するが、「1つの中国」の原則により国交正常化難航

    アメリカの(9　　　　　　)大統領の訪中→米中関係改善

展開：(10　　　　　　　)調印(1972年)→日中国交正常化

    a　日本への賠償請求放棄　　b　中国への深い反省の意表明　　c　台湾との断交

    (11　　　　　　)条約締結(1978年)→日本から中国への政府開発援助開始

アプローチ②

▶沖縄の日本復帰

1 アメリカの統治への不満

沖縄県祖国復帰協議会の結成(1960年)→ベトナム戦争の発生

→沖縄はベトナム攻撃の基地となる→(12   )と自治権拡大の運動が高まる

2 沖縄返還交渉

a　(13   )首相、アメリカに沖縄の施政権返還を申し出(1965年)

b　琉球政府主席に(14   )当選：アメリカ軍基地に反対の立場

→(15   )協定(1971年)→翌1972年、沖縄の施政権返還　＊返還後もアメリカ軍基地維持

アプローチ③

_____

_____

_____

_____

_____

_____

_____

_____

_____

_____

_____

_____

_____

_____

_____

_____

●戦後処理を通じて、日本とアジアの国々はどのような関係を結んだのだろうか？

_____

_____

_____

_____

第6章 世界秩序の変容と日本

1 石油危機 教科書 p. 202〜205

教科書①の問い

① 写真のような状況が生じるきっかけとなった、この年のできごとは何だろうか。

② なぜ客が殺到するほどの騒ぎになったのだろうか。

教科書②の問い

① どのような資源をめぐる争いを描いているのだろうか。

② この絵は世界のどの地域を想定して描いているのだろうか。

教科書③の問い

① 日曜日なのに車が走っていないのはなぜだろうか。

1973年頃の日本のスーパーマーケットの様子

テーマへのアプローチ①2度にわたる石油危機は、それぞれなぜおこったのだろうか。	②なぜこの時期に日本の高度経済成長は終焉を迎えたのだろうか。	③世界や日本は、どのようにして石油危機に対応したのだろうか。

▶ ドル=ショック

1 背景

 a アメリカの財政：ベトナム戦争の戦費、大きな政府路線のコストで悪化

 b アメリカの貿易収支：日本や(1   )の躍進で赤字に転換、インフレーション発生

2 ドル=ショック(1971年)

金とドルの交換停止、10%の輸入課徴金導入(ニクソン大統領)

→(2   )制に移行(1973年)して通商環境激変

3 影響：ドルを基軸通貨とした(3   )体制の転機、世界経済への悪影響

▶ 産油国の「石油景気」

1 第1次石油危機：(4   )(1973年)

背景：第4次中東戦争

 a アラブ諸国・原油産出国が原油価格引き上げ

 b (5   )を支持する国への石油輸出停止＝石油戦略

→原油価格4倍に急騰、産油国は好景気となり、国際的な政治的発言力高まる

＊アラブ諸国は第3次中東戦争での失地を回復できず→1980年代以降パレスチナでインティファーダ

2 第2次石油危機(1979年)

背景：(6   )革命→イランの原油生産中断

＊このような問題に対応するため(7   )会議(サミット)→1975年以降、毎年開催

アプローチ①

▶ 大きな政府路線の行き詰まり

1 大きな政府路線：再分配政策・赤字財政を許容する政策・政府による規制認める

→行き詰まり。政治的不満、不況とインフレの同時発生(「イギリス病」)

②(⁸   )(NIES)：韓国・台湾・香港・シンガポール・ブラジル・メキシコなど
背景：開発途上国で低賃金による外国企業誘致、労働集約的な工業製品輸出

▶ 高度経済成長の終焉

① 田中角栄内閣

　　a　日中国交正常化　　b　公共投資の拡大→土地や株式への投機・地価高騰
　　→第1次石油危機が重なり(⁹   )物価→戦後初のマイナス成長(1974年)

② 高度経済成長の終焉

安価な原油、安価で優秀な労働力が支えてきた

アプローチ②

_____

_____

▶ 安定成長と経済

① 省資源・(¹⁰   )

産業用ロボットなど電子技術導入、工場・オフィスなどの自動化、人員整理：合理化投資

②(¹¹   )：1980年代に電気製品や自動車分野で輸出拡大、年率3〜5％の成長率を維持

世界総生産の約10％を占めて(1980年)経済大国化

③ 経済摩擦：日本の貿易黒字、自動車をめぐる日米貿易摩擦深刻化

内需拡大の経済構造への転換を求められる

④(¹²   )合意

先進5カ国財務大臣・中央銀行総裁会議(G5)で、外国為替市場への協調介入によるドル高是正が合意
→円高が進展して円高不況→対策としての金融緩和が「バブル経済」という景気の過熱をまねく

アプローチ③

_____

_____

_____

_____

_____

_____

_____

_____

●石油危機は世界や日本の社会・経済にどのような影響を与えたのだろうか？

_____

_____

_____

_____

2 アジア諸地域の経済発展　教科書 p. 206〜209

油井の模型をみて喜ぶモサッデグ(右)

教科書①の問い

① GDP の伸び率が高い国と低い国を比較しよう。

教科書②③の問い

① イランの首相モサッデグによる資源ナショナリズムの動きは、どのようなものだったのだろうか。

② その後、この動きはどうなったのだろうか。

テーマへのアプローチ①日本がアジア経済の発展に果たした役割は何だろうか。	② NIES や ASEAN 諸国はどのように発展したのだろうか。	③西アジア(中東)の経済発展の歩みは、ほかのアジア諸国とどのように異なっていたのだろうか。

▶アジア NIES と ASEAN

①第二次世界大戦後の世界経済

- a　南北問題が複雑化し、1970年代以降(1　　　　　)問題が生じる
- b　東アジア・東南アジアは経済発展が進む

　　背景：日本や欧米諸国の(2　　　　　　　　)(ODA)による無償資金協力や貸付、技術協力

　＊日本の援助は戦時賠償の一環として始まり、1970年代以降金額が急増

②新興工業経済地域(NIES)と東南アジア諸国連合(ASEAN)加盟国の経済成長

背景：(3　　　　　　)型工業化：韓国・台湾・香港・シンガポール(1970年代〜)

　　　　　　　　　　　　　　　インドネシア・タイ・フィリピン・マレーシア(1980年代後半〜)

＊安価で質の高い労働力が基盤

③プラザ合意(1985年)

円高促進→日本の輸出競争力低下、日本から東南アジアや中国への(4　　　　　　)が増大

④(5　　　　　　　　)(1997年)

韓国・タイ・インドネシアに打撃→その後回復

▶東南アジアの開発独裁

① 「(6　　　　　　)」：強権的政治体制で、人権侵害や言論統制下に経済開発を優先

- a　シンガポール：マレーシアから独立(1965年)、(7　　　　　　　　　　)首相(任1965〜90年)
- b　インドネシア：陸軍による共産党弾圧(1965年)→スカルノ大統領失脚(1967年)

　　　　　　　　　　→(8　　　　　　)大統領(任1968〜98年)の強権的な政治
- c　フィリピン：(9　　　　　)大統領(任1965〜86年)が議会を停止(1972年)して独裁
- d　ビルマ(ミャンマー)：ネ゠ウィン大統領(任1974〜81年)の軍事政権が独自の社会主義政策実施

アプローチ①

アプローチ②

▶台頭するインド

①パキスタン

a インドと分離・独立(1947年)したが、カシミール地方をめぐり国境紛争

b 東パキスタンの独立運動→(10 　　　　　　　　　)戦争(1971年)

→インドが勝利し、バングラデシュ人民共和国成立

②インド

a 国民会議派が中央集権的な計画経済を志向→新経済政策(1991年)で市場経済導入

b ヒンドゥー至上主義政党中心の連立政権(1998年成立)が経済自由化と外資導入推進

→ IT 関連の産業が成長⇔所得格差と(11 　　　　)対立の問題

▶西アジアの石油資源と資源ナショナリズム

①イラン：原油を独占するイギリス系企業の国有化要求の高まり

(12 　　　　　　　)首相が石油国有化を実行(1951年)

⇔アメリカが支援するパフレヴィー2世がクーデタでモサッデグを追放

②(13 　　　　　　)(OPEC)設立(1960年)とアラブ石油輸出国機構(OAPEC)結成(1968年)

a 原油価格決定権を国際石油資本から取り戻し、2度の石油危機を引きおこす

b 原油価格高騰を背景に西アジアの産油国は自国経済の振興につとめる

→政治的発言力増大、(14 　　　　　　　)を金融市場にもたらす

③(15 　　　　)革命：パフレヴィー2世が農地改革・国営企業民営化・女性参政権など近代化を推進

宗教勢力や保守勢力の反発、インフレーションや失業者の増大による貧富の格差拡大

→サウジアラビアやアラブ首長国連邦でも国内開発開始

④オイルマネーの影響力低下

自由市場の形成による原油の価格決定力低下→原油価格低迷

アプローチ③

●20世紀後半のアジアの経済発展を可能にしたものは何だろうか？

❸ 市場開放と経済の自由化 教科書 p. 210〜213

アメリカの政財界に対する抗議デモ

教科書①の問い

①横断幕のスローガン "We are the 99%" を訳してみよう。　②デモに参加しているのは、どのような人々だろうか。　③ウォール街とはどのような場所だろうか。そこでデモをおこなうことのねらいと意味はなんだろうか。

教科書②の問い

①ⓐⓒⓓはそれぞれ何を風刺したものだろうか。

教科書③の問い

①③では、日本国有鉄道（国鉄）を分割民営化するとどのように変わると訴えているのだろうか。　②「民営分割ご安心ください。」はどこまで守られたのだろうか。

> テーマへのアプローチ①新自由主義とはどのような政策なのだろうか。

> ②1990年代以降に経済のグローバル化はどのように進んだのだろうか。

> ③地球を取り巻く環境問題には、どのような課題があるのだろうか。

▶新自由主義

1 欧米

(1　　　　　　　)（英、任1979〜90年）・レーガン（米、任1981〜89年）・コール（西独、任1982〜98年）
→福祉削減・国有企業民営化・減税・歳出削減・規制緩和・自由化路線による経済回復

2 日本

(2　　　　　　　)（日、任1982〜87年）→福祉支出抑制、日本国有鉄道などの(3　　　　　　　)
政府の過剰な規制による個人や企業の創意工夫を抑制する傾向の打破
→政府の介入に批判的な自由主義の現代版＝(4　　　　　　)主義

アプローチ①

▶プラザ合意から冷戦後の貿易自由化

1 市場開放：日本は1987年に世界最大の債権国に→アメリカの批判により輸入への障壁を徐々に放棄

2 (5　　　　　　)合意（1985年）：先進５カ国がドル安を達成することに合意

日本への影響：対米貿易黒字低減・輸出依存の体質改善・海外の安価な製品との競争
　　　　　　　円高・市場開放・政府規制の緩和により、日本経済は保護から(6　　　　　　)へ変化

3 経済のグローバル化

ロシア：ソ連崩壊→東ヨーロッパ圏とともに社会主義経済から(7　　　　　)主義経済に転換
中国：一党独裁を維持しつつも、改革開放政策により海外投資を受け入れて輸出拡大

4 貿易自由化

　a　(8　　　　　　　　)（WTO）発足（1995年）　＊GATTから発展
　→モノに加え、情報やサービス提供を含む流通部門の自由化が目標

b　アジア太平洋経済協力(APEC)発足(1989年)→貿易・投資の自由化をめざす

c　北米自由貿易協定(NAFTA)発足(1994年)：アメリカ・カナダ・メキシコ

→合意できる特定の相手と自由貿易圏を構築する(⁹　　　　　　　)協定(FTA)を追求

5 **問題**：人件費の安い国・地域に生産拠点を移す→国内の雇用流出

アプローチ②

▶ 環境問題

1 **環境保護運動**

1960年代のアメリカで成長。物質的利益だけでなく生活の質も重視する価値観が浸透

a　日本：水俣病・イタイイタイ病・大気汚染→(¹⁰　　　　　　　　)(1970年)開催

b　開発途上国：先進国による経済的支配、核兵器などの膨大な軍事費を批判

→(¹¹　　　　　　　　)会議(ストックホルム会議、1972年)で環境破壊としてのベトナム戦争が争点

c　酸性雨：20世紀後半に北米やヨーロッパで深刻化

2 **オゾン層破壊**：モントリオール議定書採択(1987年)で(¹²　　　　　　　　)使用に規制

3 **地球温暖化問題**：(¹³　　　　　　　　)など温室効果ガスが気候変動や海水面の上昇をもたらす

(¹⁴　　　　　　　　)成立(1997年)

→先進国に大きな義務⇔中国・インドは義務を負わず、アメリカは2001年に離脱

　企業が環境規制のゆるい国に生産拠点を移す傾向

アプローチ③

●経済のグローバル化は世界と日本にどのような影響を与えたのだろうか？

4 情報技術革命とグローバリゼーション

教科書 p. 214～217

① 情報通信技術は、どのように発達してきたのだろうか。
② 情報通信技術の発達によって、どのようなことが可能になったのだろうか。

ケニアのオンライン送金・決済サービス

| テーマへのアプローチ①情報通信技術は、グローバル化とどのような関係にあるのだろうか。 | ②情報技術革命(IT革命)は、世界経済にどのような影響を与えたのだろうか。 | ③情報化社会の到来は、どのような課題を生み出したのだろうか。 |

▶ グローバリゼーション

1 グローバル社会の出現（1990年代）

冷戦の終結と中国の(^{1}　　　　　　　　)路線の定着→市場経済が全世界的に

2 展開

国際交通システムの変革 ＋ (^{2}　　　　　　　)革命(IT ／ ICT 革命)

→ヒト、モノ、カネ、情報が活発に移動・交流→世界経済の一体化

▶ 情報技術の発展

1 19世紀後半～20世紀初頭

a　交通網の発達：鉄道・蒸気船

b　国際金融制度の整備：金本位制

c　通信網の発達：(^{3}　　　　)や海底ケーブル

2 第二次世界大戦後

コンピュータの開発の進展

a　トランジスター・集積回路(IC)の開発→(^{4}　　　　　　)・低価格化

b　産業用ロボット(1980年代)などの導入→ PC の家庭普及(1990年代)

c　通信分野の発達：通信衛星の打ち上げ(1960年代)→映像の衛星中継

　　　　　　　　軍事通信研究→(^{5}　　　　　　　　　　)・GPS の一般普及(1990年代)

d　端末の発達：PC・携帯電話の機能性向上と世界的普及＋光ファイバー回線

　　　　　　　→大量の(^{6}　　　　　)が国境をこえて瞬時に行き交う状況が生まれる

アプローチ①

▶ グローバル経済の深化

1 国際金融市場の発達

IT 革命 ＋ 主要国の金融自由化

⇔一方で通貨危機の連鎖や世界同時不況の頻発　例)(^{7}　　　　　　　　　　)(リーマン゠ショック、2008年)

2 多国籍企業による国際分業

情報通信技術を駆使→国際貿易の急拡張

⇔一方で日本国内では(^{8}　　　　　　　　)が進行し地域間格差が拡大

▶情報化社会の形成

1 **IT 革命**

第3次産業革命とも呼ばれ、生産・流通・販売の(⁹　　　　　　　)化が進む

→2000年代以降、(¹⁰　　　　　　　)や(¹¹　　　　　　　)と呼ばれる

2 **スマートフォンの登場**(2000年代以降)

  a　人々のライフスタイルの変化：電子商取引の活発化・SNSによるインターネット上のコミュニティの形成・(¹²　　　　　　)(情報資産)の登場

  ⇔一方、インターネット普及の差による経済格差やインターネット犯罪の社会問題化

  b　(¹³　　　　　　)通信により新聞・テレビなどの既存マスメディアの役割も変化

  →情報網の一部企業などによる独占やサイバー攻撃などの問題が現実的な脅威に

●1990年代後半に本格化した情報技術革命は、世界をどのように変えたのだろうか？

5 冷戦の終結とソ連の崩壊　教科書 p. 218〜221

二大超大国の敗北

教科書112の問い

① 112について、なぜソ連はアフガニスタンから撤退したのだろうか。

② この撤退がヨーロッパ、とりわけ東ヨーロッパ諸国に与えた影響はどのようなものだったのだろうか。

教科書3の問い

① 3の写真は西ベルリンと東ベルリンのどちら側から撮影したものだろうか。

② ベルリンの壁が開放されたのはなぜだろうか。

教科書4の問い

① 4は何を風刺しているのだろうか。

テーマへのアプローチ①ソ連の改革が始まった背景と、冷戦への影響はどのようなものだったのだろうか。	②ソ連の変化は東ヨーロッパ諸国にどのような影響をおよぼしたのだろうか。	③冷戦の終結により、ソ連はどのように崩壊したのだろうか。

▶ソ連の改革と冷戦の終結

1 (1　　　　　　　　)への軍事介入（1979〜89年）：国家財政の疲弊・兵士の被害→国民不満が高まる

2 (2　　　　　　　)書記長就任（任1985〜91年）

就任直後にチョルノービリ原子力発電所事故（1986年）

→ペレストロイカ（建て直し）、(3　　　　　　　　　)（情報公開）、新思考外交

　a　経済：中央指令型計画経済から市場経済へ移行開始、個人営業の自由認める

　b　外交：西側との関係改善による軍事費負担削減をめざす

　　　(4　　　　　　　　　　)条約（1987年）を「双子の赤字」に苦しむアメリカと締結

　　　→核軍縮実現

　　　アフガニスタンから撤退、マルタ会談（ゴルバチョフとブッシュの会談）

　　　→(5　　　　　　)の終結宣言（1989年）

　c　民主化：複数候補者制選挙にもとづく人民代議員選出（1989年）

　→共産党一党独裁の廃止（1990年）→ゴルバチョフが新設の(6　　　　　　)に就任（任1990〜91年）

アプローチ①

▶東ヨーロッパでの激変

1 **東欧革命**：共産党支配の終焉

　a　ポーランド：労働者のストライキ（1980年）→自主管理労働組合「(7　　　　)」結成（議長：ワレサ）→複数政党制による議会選挙（1989年）で「連帯」圧勝→東欧革命の始まり

　b　ハンガリー：オーストリアとの国境開放（1989年）

　→東ドイツ市民がハンガリー経由で西側へ脱出。同年、ハンガリーは民主主義に移行

　c　東ドイツ：ホーネッカー政権崩壊（1989年）→(8　　　　　　　)開放

→東ドイツが西ドイツに吸収されてドイツ統一（1990年）

　　d　ブルガリア・チェコスロヴァキア：社会主義体制から民主主義・市場経済体制に移行（1989年）

　　e　ルーマニア：（⁹　　　　　　　　　）大統領処刑（1989年）

②ソ連

コメコン解散とワルシャワ条約機構解体→東欧がソ連の支配から脱する。ゴルバチョフは介入せず

アプローチ②
_____
_____

▶️ ソ連の崩壊とロシア

①諸問題

ゴルバチョフの改革への不満、保守派の反発、バルト３国やウクライナの分離・独立要求

→ロシア共和国で（¹⁰　　　　　　　　　）大統領誕生（1991年）→ロシアのソ連からの独立主張

②ソ連消滅

共産党幹部の（¹¹　　　　　　　）（1991年）→エリツィンの呼びかけで失敗。ウクライナなどがソ連離脱宣言

→ゴルバチョフ辞任（12月）、ソ連消滅→国連常任理事国と核兵器保有はロシアが継承

③ロシア

経済再建に苦しむ→アメリカが支援

　　a　エリツィン大統領（～1999年）：市場経済への移行遅れ、（¹²　　　　　　　　　）の民族紛争

　　b　（¹³　　　　　　　）大統領（2000年～）：資源輸出などによる経済成長

　　→ウクライナ東部のロシア系住民の分離運動を機にクリミアを軍事併合（2014年）→ Ｇ８から追放

アプローチ③
_____
_____
_____
_____
_____
_____
_____
_____

●冷戦の終結はどのような背景のもとで進み、どのような影響を与えたのだろうか？
_____
_____
_____
_____

6 現代の東アジア　教科書 p. 222〜225

① 教科書の□〜④のような変化は、東アジアの政治や経済のどのような関係を反映しているのだろうか。

日系コンビニエンスストアの中国進出1号店（上海、1996年）（株式会社ローソン蔵）

テーマへのアプローチ①中国はどのようにして経済大国化したのだろうか。

②東アジア諸国の民主化のあり方と国際関係は、どのような関係にあるのだろうか。

③高度経済成長を終えたのち、日本はどのような課題を抱えてきたのだろうか。

▶中国の経済成長と大国化

□(1　　　　　　　)政策

1970〜80年代：(2　　　　　　　)ら、経済発展を急ぐ

 a　日本・アメリカ・西ヨーロッパ諸国から先進技術導入。ソ連との関係改善にもつとめる

 b　中国国内の民主化運動→中国政府は武力弾圧：(3　　　　　　　)事件(1989年)→諸外国の批判

1990年代：国営企業改革。香港返還→(4　　　　　　　)制度により香港の資本主義制度維持

2000年代：WTOへの加盟・電器製品分野でも輸出大国に成長・巨大市場としても存在感

②経済成長の課題

 a　沿海部中心の成長に対し、内陸部との経済格差

 b　少子高齢化の進展：(5　　　　　　　)(1979年導入)の影響

③国際的批判：経済力・軍事力を背景とした(6　　　　)をめぐる対立や国内の人権問題・民族問題

アプローチ①

▶台湾・韓国・北朝鮮の動向

□台湾

 a　1980年代、国民党の一党支配のもとで経済発展

 ⇔民主化世論の強まり→(7　　　　　　　)党(民進党)結成

 b　1996年以降、選挙による総統交代が定着(はじめての直接選挙で李登輝が総統に)

 →中国との関係が課題

②韓国

 a　1980年代、軍事政権が民主化運動を弾圧→1987年に民主化運動がふたたび高まる

 →盧泰愚大統領は(8　　　　　　)宣言により大統領の直接選挙を約束

 b　1993年以降、軍人以外の大統領選出が続く

③北朝鮮

 a　経済の停滞のなか、金日成の死去(1994年)

 →(9　　　　　　)政権：社会主義体制の維持・核兵器の開発

 b　韓国の金大中大統領と金正日の会談実施(2000年)

 c　日本の小泉純一郎首相の訪朝(2002年)⇔日本人拉致問題などにより国交正常化交渉停滞

d　2000年代、アメリカとの緊張の高まり→核実験・ミサイル発射実験などで軍事力を誇示

アプローチ②

_____

_____

_____

▶苦悩する「経済大国」日本

①財政赤字の拡大

高度経済成長終焉(1970年代)後、自民党政権による公共事業・社会保障の拡大

→1980年代、国営事業の民営化・(10　　　　　)税導入

②1955年体制の崩壊

1990年代の長期不況のなか、自民党は(11　　　　)年ぶりに政権を失う(1993年)

→細川護熙内閣による選挙制度改革→社会党・村山富市内閣で自民党は連立与党に復帰

③諸制度の変革と課題

　　a　小泉純一郎内閣(自民・公明などの連立)

　　　　：大規模な規制緩和・公共事業費削減・社会保障費の見直し

　　→(12　　　　　　　　)などにより所得格差が拡大。世界金融危機(2008年)→日本にも打撃

　　b　2009年、民主党などの連立政権の成立→2012年、再び自民・公明などの連立政権

④災害と日本

阪神・淡路大震災(1995年)・(13　　　　　　　　　　)(2011年)→社会に傷跡を残す

⑤アジア諸国との関係

植民地支配と侵略についての反省とおわびの表明：(14　　　　　　　　)(1995年)

→以降の内閣もこの立場を継承

アプローチ③

_____

_____

_____

_____

_____

_____

_____

_____

●今日の東アジアの国々には、どのような課題があるのだろうか？

_____

_____

_____

_____

7 東南アジア・アフリカ・ラテンアメリカの民主化

教科書 p. 226〜229

① 教科書の①の解説にある基準以外で多いのは、どのような受賞理由だろうか。
② 受賞理由が多様化しているのはなぜだろうか。
③ ノーベル平和賞を受賞したことは、受賞者の活動にどのような影響をおよぼすのだろうか。

ノーベル平和賞を受賞したアウン＝サン＝スー＝チーの風刺画(2012年)(©Chappatte in The New York Times)

テーマへのアプローチ①東南アジアの民主化は、どのような背景のもとで進んだのだろうか。	②開発途上国の民主化において、国際世論はどのような役割を果たしているのだろうか。	③ラテンアメリカ諸国にとって、アメリカ合衆国はどのような存在なのだろうか。

▶東南アジアの民主化 ▶南アフリカの民主化

a (1　　　　　　　)：マルコス政権が民主化運動で倒されてアキノ政権が成立(1986年)

b (2　　　　　　　)：スハルト大統領が東ティモール独立問題などで動揺して失脚(1998年)

c カンボジア：1970年代中頃から(3　　　　　　　)政権が極端な社会主義政策を推進

→ベトナム軍が侵入、中ソ対立もからんで内戦が激化し80年代まで続く

  →内戦後の平和維持活動には(4　　　　　　　)法(PKO協力法)を成立させた日本も参加

d ビルマ：軍事政権は(5　　　　　　　)らが指導する民主化運動を長期にわたり弾圧

→1989年に英語国名をミャンマーへ改称

  →2016年にアウン＝サン＝スー＝チーが事実上の国家指導者となる

e 南アフリカ：第二次世界大戦後、有色人種を差別する(6　　　　　　　)(人種隔離)政策を展開

  Ⅰ 黒人指導者(7　　　　　　　)らの運動もあり、70年代以降に国際的な批判が高まる

  Ⅱ 1994年にマンデラが大統領に就任、民主化が進展

  Ⅲ 経済成長も進み、現在では(8　　　　　)の1つに数えられる

アプローチ①

▶ラテンアメリカの民主化

a キューバ：1959年の(9　　　　　　　)・ゲバラらのおこしたキューバ革命で親米独裁政権を打倒

  Ⅰ ソ連へ接近して社会主義国となり、アメリカ合衆国に対抗

  Ⅱ ほかのラテンアメリカ諸国の武装ゲリラへ大きな影響を与える

  Ⅲ 対抗してアメリカも各国への干渉を強める

b (10　　　　　)：1970年に選挙で成立したアジェンデ社会主義政権は、73年にクーデタで崩壊

→(11　　　　　　　)による軍政が続いたが、1990年に民政へ移管

c (12　　　　　　　)：イギリスとのフォークランド紛争の敗北を機に、1983年に軍政が倒れる

d その他：ブラジルやペルーも1980年代に民政へ移管

e　各国共通の課題：自由主義的経済政策のもとで経済発展は進む

　→アメリカなど外国からの資金への依存度が高く、(13　　　　　　　　　)の問題が深刻化

　　→急激な経済発展により国内の貧富の差が拡大、治安悪化も懸念される

アプローチ②

アプローチ③

●各国の民主化にはどのような成果と課題があるのだろうか？

8 地域統合の拡大と変容　教科書 p. 230〜233

1. 国ごとの面を、EU内の他国の人々はどのようにとらえるだろうか。
2. 国ごとの面の共通点は何だろうか。
3. "MANY TONGUES ONE VOICE" とはどのような意味か。それは実現しているのだろうか。

EUのポスター（1992年）

テーマへのアプローチ①地域統合にはどのような種類があるのだろうか。	②それぞれの国で、どのような人々が地域統合を推進したり、反対したりするのだろうか。	③それぞれの地域統合が直面している新たな問題は何だろうか。

▶様々な地域統合と国家

1 統合進展の背景

2度の(1　　　　　　)など、20世紀前半は(2　　　　　　　　　)の行き過ぎがめだった

→(3　　　　　　)を乗り越えるものとして地域統合が注目される

2 統合の諸形態

a　集団的安全保障のための同盟組織（NATOなど）

b　特定地域を包括して対話を目的とする組織（OAUなど）

c　(4　　　　　　)の形成を目的とする組織（EC、ASEANなど）

アプローチ①

▶ヨーロッパ統合

1 統合の進展

マーストリヒト条約締結を経て、ECは経済以外でも統合をめざすEUへ（1993年）

→1999年に共通通貨(5　　　　　　)を導入、東欧を含めた大経済圏へ成長

2 反発

経済面では安価な製品の流入や移民・難民の問題に対し中低所得者層が反発

→政治面での統合強化をめざすEU新憲法は、フランスなどの国民投票で批准が否決される

　→この過程で(6　　　　　　)と呼ばれる政治動向が出現

3 統合の停滞

2010年以降の南欧財政危機を発端とするユーロ下落では足並みが乱れる

→移民・難民の流入やテロの頻発は、(7　　　　　　　　)に対する懸念を高める

　→2016年、(8　　　　　　)の国民投票ではEU離脱が支持され、2020年に正式に離脱

▶NAFTA・WTO

1 (9　　　　　　)協定（NAFTA）

カナダ・アメリカ・メキシコからなる大規模な自由貿易圏として1994年に発効

→トランプ政権下でアメリカに若干有利な条件で改定される

2 (10　　　　　　)（MERCOSUR）

アメリカとの自由貿易協定に消極的なブラジル・アルゼンチンなどが1995年に形成

3 (11　　　　　　　　　　　)(WTO)

情報やサービスも含めた自由化をめざして発足(1995年)、161の国と地域が加盟

→経済発展段階の違いによる対立があり、貿易自由化交渉は行き詰まっている

▶ アジアでの動き

1 (12　　　　　　　　　　　　　)(ASEAN)

東南アジア諸国は ASEAN 自由貿易圏(AFTA)を結成

→さらに「ASEAN＋3」という枠組みで韓国・中国・日本との関係も強化

2 (13　　　　　　　　　　　　)(APEC)

オーストラリアの提唱で始まる(1989年)

→旧宗主国と対等な立場で協議するアジア＝ヨーロッパ会合(ASEM)も始まる(1996年)

3 (14　　　　　):環太平洋パートナーシップの略称

アジア・オセアニア・南北アメリカの国々が参加

→サービスなども含めた幅広い自由化をめざす経済連携協定((15　　　　　))の1つ

　　→トランプ大統領就任直後にアメリカが離脱したが、2018年に11カ国で協定発効

アプローチ②

アプローチ③

●地域統合は、人々や社会にどのような影響をおよぼすのだろうか？

9 地域紛争と国際社会　教科書 p. 234〜239

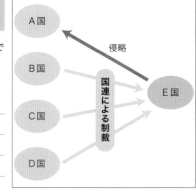

国際連合による安全保障の仕組み

① それまで機能しにくかった教科書の②の仕組みが、想定通りに機能したことが③で報じられている。このできごとは、国際社会のどのような変化を象徴しているのだろうか。

② ③のあとも、②の仕組みが機能しないことは多い。それはなぜだろうか。

テーマへのアプローチ①冷戦終結後に各地でおきた紛争に、世界はどう対処したのだろうか。	②これまでの安全保障のあり方が見直されるようになったのはなぜだろうか。	③地域紛争や冷戦後の国際情勢の変化に、日本はどのように対応してきたのだろうか。

▶イラン＝イラク戦争

1 (¹　　　　　　　　)**革命**(1979年)

シーア派指導者によるイラン＝イスラーム共和国成立

特徴：イスラーム法にもとづく政治。反米主義である一方、ソ連にも依存せず

2 (²　　　　　　　　)**戦争**：イラクのフセイン大統領がイランを攻撃

アメリカ・ソ連はイラク側を支援し武器を供与

国連決議をイランが受け入れるかたちで停戦⇔イラクは財政難(クウェート併合へ)

▶湾岸戦争

1 イラクのフセインによるクウェート併合(1990年)

国連安保理の武力行使容認決議可決→多国籍軍を組織

意義：アメリカ・ソ連を含み国連の(³　　　　　　　　　　)体制が機能

背景：冷戦終結により米ソとも拒否権行使せず

2 湾岸戦争の発生(1991年)

アメリカ中心の多国籍軍(34カ国)による攻撃でイラク撃退

→国連はイラクに制裁を科すがフセイン支配は残る

　　＊日本の巨額財政支援は国際社会から評価されず→自衛隊初の海外派遣(機雷の除去)を実施

3 パレスチナ問題

アメリカによる仲介→(⁴　　　　　　　　)協定(1993年)→パレスチナ自治政府の成立

　　＊武力衝突は継続し、和平交渉は進展せず

▶地域紛争の拡大

(⁵　　　　　　　　)危機：ユーゴスラヴィア内部の民族・宗教対立→内戦状態(1991年〜)

　　a　スロヴェニア・クロアティア・ボスニア＝ヘルツェゴヴィナの独立

　　b　コソヴォ地区でアルバニア系住民の独立運動→対立民族同士の虐殺：(⁶　　　　　　　　)

　　⇔国連安保理決議は機能せず→NATO軍による空爆

▶アフリカの危機

1 (⁷　　　　　　)**内戦と飢餓**

国連要請にもとづくアメリカの介入→アメリカ国内の反発により撤退

2 (8　　　　　　)**内戦と虐殺**

国連 PKO の縮小。国際社会は被害拡大防止のための介入せず→大量の難民の発生

　　a　アフリカの問題に対し、欧米の「援助疲れ」→介入に消極的

　　b　日本はアフリカ開発会議を開催し支援(外交的な戦略)

3 (9　　　　　　)(AU)**発足**(2002年)

アフリカ諸国の加盟国に対する介入可能に

アプローチ①

▶イスラーム主義の台頭

1 ソ連の(10 　　　　　　　　　　)侵攻(1979年)

 a 抵抗運動にイスラーム諸国からの義勇兵が集まる

 b ソ連撤退後、イスラーム主義のターリバーンが台頭

2 イスラーム急進派の台頭

 a 湾岸戦争時のアメリカ軍のサウジアラビア駐留やパレスチナ問題でのイスラエル支援に反発

 b ウサーマ゠ビン゠ラーディンによる国際テロ組織の結成・世界規模でのテロ支援

3 テロとの戦いとアメリカの行動

アメリカで(11 　　　　　　　　　)事件(2001年)→国連は集団的自衛権を認める決議を可決

→アメリカ主導の有志連合による攻撃(アフガニスタン戦争)

(12 　　　　　　　)戦争(2003年)：アメリカ・イギリスはイラクに軍事介入→フセイン政権の打倒

 背景：大国間の緊張緩和の一方で、少数派の(13 　　　　　　　　　)運動や宗教対立など

 課題：従来の安全保障システムでは十分に対応できず

▶アラブ世界の変容

1 (14 　　　　　　　　)(2010年)

チュニジアでの蜂起(ジャスミン革命)を起点にアラブ世界で民主化運動が広がるが、停滞

＊背景にインターネット・SNSの普及

2 シリア問題

 a 2011年以降内戦。アメリカ・ロシアがそれぞれ介入し大国間対立が生じる

 b 「(15 　　　　　)(イスラム国)」の台頭とテロ行為→国際社会は国家として承認せず

アプローチ②

_____

_____

▶日本の安全保障

冷戦の終結→日米同盟の変質

1 日米共同訓練の開始(1978年)

背景にアメリカの覇権の動揺

2 (16 　　　　　　　)法成立(1992年)

国連の平和維持活動のための自衛隊海外派遣可能に⇔国内での反対

 a 北朝鮮の核兵器開発への対応→日本とアメリカは安全保障面での協力を確認

 b アフガニスタン戦争での給油活動

 c イラク復興支援

 d (17 　　　　　　　　　)にもとづき海外での武力行使可能に(2015年)

3 アメリカ軍基地の課題

沖縄での激しい抗議→アメリカ軍基地の負担に対する抗議の長期化

アプローチ③

_____

_____

●冷戦の終結は、協調と平和をもたらしたのだろうか？

⑩ 現代と私たち　　教科書 p. 240～241

Ⅰ　教科書の現代の諸課題Ⓐ～Ⓖからテーマを選び、「問い」を設定しよう。

Ⅱ　どのようなことに注目したら設定した問いの答えに近づくことが出来るだろう。自分なりの「アプローチ」を考えよう。

Ⅲ　現代の諸課題の資料や関連する教科書の項目を参照して、考察の手掛かりを集めよう。

Ⅳ　アプローチに対する答えを総合して、「問い」の答えを表現しよう。

▶練習

テーマ　　　　Ⓐ日本・世界の人口と少子高齢化

設定した問い　日本が経験する高齢化は、将来の世界にとってどのような意味をもつだろうか。

アプローチ例①　少子高齢化が進展しているのはどのような国や地域だろうか。

手がかりの例①　資料①
アプローチ例①の答え

アプローチ例②　今後世界人口の大部分を占めるようになる、国や地域の課題はどのように形成されてきたのだろうか。

手がかりの例②　資料①②＋教科書
アプローチ例②の答え

アプローチ例③　日本の人口が1955年とほぼ同じになる時にどのような課題が生じるだろうか。

手がかりの例③　資料③＋教科書
アプローチ例③の答え

●設定した問いへの考察を表現しよう。

●あなたなら、この課題をどのように解決するだろうか。

テーマと「手がかりとなるキーワード」

B 日本社会のなかの外国人労働者　東アジア　日本の雇用　地域連携

C 防災・エネルギー　　　　　　　石油危機　原子力　環境保護　災害

D 保護主義の高まり　　　　　　　自由貿易　ブロック経済　経済のグローバル化

E 環境問題と国際協力の課題　　　地球温暖化　開発・保全　地域連携　国際協力

F 軍縮と国際協調　　　　　　　　集団安全保障　勢力均衡　核兵器　軍縮条約

G ITの進歩とAIの開発　　　　　情報通信　産業革命　労働者

あなたの設定した「問い」

_____

_____

・どのようなことに注目したら設定した問いの答えに近づくことが出来るだろう。自分なりの「アプローチ」を考えよう。

・手がかりは、教科書 p.240～241 の図やその他のページの資料から、「手がかりとなるキーワード」をもとに探そう。

アプローチ
_____

手がかり
_____

アプローチの答え
_____

_____

_____

_____

_____

_____

●設定した問いへの考察を表現しよう。

_____

_____

●あなたなら、この課題をどのように解決するだろうか。

_____

_____

_____

_____

_____

写真提供一覧（敬称略、五十音順）

朝日新聞社　p. 56／ p. 66／ p. 80

アフロ　p. 116

沖縄タイムス社　p. 110

GettyImages　p. 14／ p. 94

時事通信社／時事通信フォト　p. 118

Solo Syndication　p. 104

橋本勝『20世紀の366日』株式会社ふゅーじょんぷろだくと　p. 120

PPS通信社　p. 114

毎日新聞社　p. 112

ユニフォトプレス　p. 4／ p. 5／ p. 6／ p. 9／ p. 18／ p. 20／ p. 28／ p. 40／ p. 41／ p. 43／ p. 46／ p. 48／ p. 50／ p. 54／ p. 58／ p. 60／ p. 62／ p. 72／ p. 74／ p. 86／ p. 88／ p. 90／ p. 98／ p. 102／ p. 106／ p. 126

歴史総合

現代の歴史総合 みる・読みとく・考える　ノート

2022年 2 月　初版発行

編　者　　現代の歴史総合ノート編集部
発行者　　野澤　武史
印刷所　　株式会社加藤文明社
製本所　　有限会社　穴口製本所
発行所　　株式会社 山川出版社
　　　　　〒101-0047　東京都千代田区内神田1-13-13
　　　　　電話　03-3293-8131（営業）　03-3293-8135（編集）
　　　　　https://www.yamakawa.co.jp/

ISBN978-4-634-05807-1　　　　　　　　　　　　　　NMII0103

歴史総合

現代の歴史総合 みる・読みとく・考える ノート

解答

山川出版社

1　交通と貿易　　　　　　　　　　　　　　p. 4

①19世紀を通じて様々な交通手段が発達し、輸送の速度や量は飛躍的に向上した。このことを一因として、世界貿易数量は飛躍的にのびた。

②世界貿易数量がのびた要因には、交通手段の発達によって、従来は少なかった遠方とのつながりが強まっていったこともあげられる。

③20世紀前半と後半では、輸出の中心が繊維品などの軽工業製品から、機械・機器などの重工業製品へシフトしていることが読みとれる。

♣鉄道や蒸気船の発達により、輸送に要する時間は大幅に短縮され、一度に輸送できる量も多くなり、全体的に効率化が進んだ。このことと産業革命による生産の効率化により、嗜好品など単価の高いものが中心だった遠隔地を結ぶ輸送に、綿製品など日用品が多く入り込んでくることになった。その結果、これまで特産品によって利益を上げていた諸地域も、工業国の市場や原料供給地に転落するところが増え、それらは従属的な状態で世界経済に組み込まれることになった。

2　産業と人口　　　　　　　　　　　　　　p. 5

①①をみると、つねにアジアの人口が多いが、18世紀以降のヨーロッパも、面積の狭さを考えるとかなりの人口を抱えていることがわかる。20世紀に入ってからの伸びはアフリカと南北アメリカが大きい。②をみると、19世紀前半はもっとも少なかったアメリカ合衆国が途中から急増して最大となっており、ほかの3国に比べて経済規模が大きいことも読みとれる。

②江戸時代後半の日本は、ほぼ横ばいの状態が続いており、明治時代後半からの増加傾向とは対照をなしている。江戸時代は人口停滞期で、理由として医療・衛生の未発達や食料事情による多産多死があげられる。飢饉が長期化した天明・天保期などでは人口は大きく減少した。

③いずれの国もこの期間を通じて農業の割合が減っている。また、途中で工業の割合が最大になる時があるものの、1977年にはサービス業が最大となっている点でも共通している。

④現在と比べて平均寿命が低いことが読みとれる。原因としては、医療・保健・衛生分野が未発達であったことが予想されるが、農村地帯と都市部の差については、⑦にみられるような劣悪な住環境が関係していると考えられる。

♣世界全体でみると、産業革命による生産性の向上は、医療・保健・衛生分野の発達とあいまって、人口増加につながったと考えられる。さらに産業革命は、工業化した各国の産業労働人口の割合に大きな変化をもたらした。

3　権利意識と政治参加、国民の義務　　　　p. 6

①アメリカ植民地の人々が、自分たちが参政権をもたないイギリスの議会からの課税に反発したことが、自由と権利を守るため独立を求める動きにつながった。

②球戯場の誓いは、議会は国王のものではなく国民のものだと示した。これは人権宣言第3条で、政治の決定権は国民にあるという国民主権の原則に高められた。

③江戸時代は人が平等に扱われず、武士以外は政治に関与できなかったとして、明治維新後は国民が政府だけに政治を任せず、国との一体感をもつよう求めた。

④身分制度は廃止され、憲法と議会によって国民が政治に参加し、参政権もしだいに拡大した。兵役が国民の義務とされ、教育による国民統合が推進された。

♣近代の世界では、従来の国家の専制的な支配や身分制度は、人間が本来平等に有する自由や権利を侵害するものと認識され、そのため国家の政治的決定には、国民の広範な参加が求められるようになった。他方、国民には納税や教育、兵役などの義務が求められた。

4　学校教育　　　　　　　　　　　　　　　p. 7

①共通点は座学が中心であること。相違点としては、江戸時代は能力に応じた個別指導であるが、明治時代は掛図や指示棒を用いた教師による一斉指導がおこなわれたこと。掛図にある「文部省」の文字から、教育内容を国が定めていることも読みとれる。

②江戸時代には、全国共通の教育制度は存在せず、身分に応じた教育機関や教育内容が藩ごとなどで独自に定められた。一方、明治政府は文部省を設けて、国民皆学のため義務教育を定めた。

③教育に対する国民の理解不足、授業料や学校設置の経済的負担、児童労働や家事の優先などにより、義務教育を定めても女子を中心に就学率は上がらなかった。

④共通点として、義務教育を定め、文部省（文部科学省）が教育行政を担当していることがある。一方、相違点として、教育体系を男女別の複線型から男女共学の単線型に改め、女子も大学進学が可能になったことがある。

⑤義務教育の浸透により児童の労働や家事からの解放が進み、とくに男子は学歴を得ることで身分に関わらず立身出世が可能となった。知識や技能を得て男女と

も就職先が広がり、学校に行かないと、その後の人生が不利になるという認識が共有されるようになった。また、識字率の向上や進学先の拡大により大衆文化が栄え、権利を求めるデモクラシーの進展にも影響を与えた。

♣社会の平等化に寄与し、仕事や人生の選択の枠を広げた。生まれながらの身分に縛られることなく、学歴や知識・資格を得ることで生活の水準を上昇させることが可能となり、国民全体に広く読み・書きの能力が浸透すると、大衆文化の担い手が広がり、学問も発達した。

5　労働と家族　　　　　　　　　　　　　　p.8

①江戸時代は、機械化や大規模化にはほど遠く、家族で村に住み、男女を問わず家族総出で農作業をおこなった。明治時代は、紡績工場は綿花の輸入と綿糸の輸出に便利な都市部の港湾地帯につくられたため、工女は家族と離れて住み込みで働き、個人単位で大量生産や外貨獲得のための安価な労働力となった。

②どちらも3人の子どもが描かれていて、本を読むなど楽しげな様子が共通している。

③労働者の過酷な労働と悲惨な生活のうえに資本家の優雅な生活が成り立っており、資本家はその状況に目を向けていないことを風刺している。

④夕方6時に帰宅していることから、家で仕事をするのではなく、昼間の決まった時間に通勤して仕事をする職業であることがわかる。また、子ども4、5人を養い、使用人を雇っていることから、一般労働者ではないと考えられる。

♣工場労働が一般的になる以前、とくに農業や手工業では労働は家族単位でおこなわれることが多かった。一方、産業革命以降、工場労働者として成年男性だけでなく女性や子どもも個人として雇われることになり、労働の単位は家族から個人へと移行した。この労働の単位の変化に関する傾向は、イギリスと日本でもほぼ共通しているが、家族のあり方については両者で異なっている。

6　移民　　　　　　　　　　　　　　　　　p.9

①奴隷貿易。18世紀末の市民革命やハイチ独立は、世界で奴隷制への批判を生み、19世紀には奴隷貿易や奴隷制が各地でしだいに廃止されたため。

②ヨーロッパで産業革命などにより、多くの人々が労働者として仕事を求めるなかで、蒸気船の大西洋航路によって、アメリカに移民する人々が激増したため。

③容姿や文化を異にする中国人移民を人種的に差別し、低い賃金や劣悪な労働環境に耐えて働く彼らを、自分たちをおびやかす存在とみなしたため。

④アメリカでは簡単な仕事しか得られず、賃金も低かったが、円とドルの価値の違いのため、その賃金は、日本で安定した仕事につくよりも高かった。

♣産業革命が広がった19世紀以降の世界では、多くの人々がよりよい仕事を求めて故郷を離れた。鉄道や蒸気船により移動は広範囲におよび、国境をこえる移民が増加した。移民は社会に民族・人種間の多様な関係をもたらし、差別や排斥も生じた。

第1章　結びつく世界と日本の開国

1　18世紀の東アジアにおける社会と経済
　　　　　　　　　　　　　　　　　　　p.10～11

【導入の問い】
①綿製品。　②商人の組合組織。

【解答】
1．商品作物　2．景徳鎮　3．蘇州　4．山西　5．銀　6．耕地面積　7．藩　8．年貢　9．米価　10．天下の台所　11．樽廻船　12．俵物　13．農村工業

【テーマへのアプローチ】
①桑や綿花などの商品作物栽培により絹織物・綿織物業が発展し、砂糖や陶磁器なども生産された。また、トウモロコシやサツマイモなどの新作物が栽培され、日本やアメリカ大陸の銀が流通した。

②遠隔地商業が発展し、貨幣経済が農村にまで浸透したことは共通しているが、全国的な統一市場が形成された日本とは異なり、中国では地域ごとの経済ネットワークが存在していた。

③幕府と藩が全国を支配し、被支配身分である百姓から徴収した年貢や特産物を、遠隔地海運などを通じて大坂の蔵屋敷に運び、納屋物とともに売却したことで、全国市場が確立した。

【テーマ全体の問い】
●中国では江南で商品作物栽培や手工業の発展がみられ、遠隔地商業と金融のネットワークが形成されて、人口が急増した。一方、日本では、幕藩体制のもと「天下の台所」と呼ばれた大坂に米などが運ばれ、遠隔地海運も発展して、全国的な市場が形成された。しかし、中国では人口の増加にみあった耕地面積の拡大はなされず、日本では農村における土地を集積する有力百姓と田畑を失った小百姓への分化が生じるなどして人口も停滞した。

2　貿易が結んだ世界と日本　　　p.12〜13

導入の問い

①①はオランダ船。②は琉球の船。薩摩藩の船もみえる。　②松前藩や対馬藩。

解答

1．香辛料　2．東インド会社　3．オランダ東インド会社　4．銀　5．海禁　6．広州　7．長崎　8．出島　9．対馬　10．通信使　11．琉球　12．薩摩　13．生糸　14．銅　15．蝦夷地　16．松前

テーマへのアプローチ

①中国人商人やムスリム商人に加えて、オランダ東インド会社、ポルトガル人やイギリス東インド会社に属さないイギリス人・アメリカ合衆国の商人などによって担われていた。

②中国に対しては茶や陶磁器など、インドに対してはおもにインド産綿織物など、東南アジアに対しては胡椒・砂糖などを求めた。

③金・銀のちには銅・海産物といった輸出品、中国産生糸・絹織物といった輸入品で結びついていた。

テーマ全体の問い

●日本は、徳川幕府のもとで、長崎や朝鮮、琉球を通じて中国産の生糸や絹織物を求め、おもに銅や海産物を輸出した。蝦夷地のアイヌは、独自に中国やロシアと交易をしていたが、17世紀以降、松前藩に服従（19世紀以降は幕府が直接管理）し、長崎・琉球などでの貿易に必要な海産物をもたらした。

3　産業革命　　　p.14〜15

導入の問い

①①服装（正装－作業服）、姿勢（満腹そうにすわりこむ－苦しそうに支えている）、人数（少－多）などが対照的。　②機械制生産の拡大にともなって成立した資本家と労働者の関係（資本主義）が一因としてあげられる。　②③①19世紀に労働力でも生産量でも農業の割合が減り、工業・サービス業が大きな部分を占めるようになった。

解答

1．綿　2．大西洋三角　3．蒸気機関　4．連鎖　5．資本　6．社会　7．エネルギー　8．産業革命　9．石油　10．ドイツ　11．アメリカ　12・13．製品市場・原材料供給地（順不同）　14．移民　15．海底電信ケーブル

テーマへのアプローチ

①ほかの国や地域と比べ、人々の生産意欲や技術革新への気運が高かったこと、大西洋三角貿易によって新しい生産様式（機械）の普及に必要な富が蓄積されていたこと、キャラコブームが輸入代替工業化への動機づけとなったことなどがあげられる。また、石炭や鉄鉱石といった必要な資源にも恵まれていた。

②交通機関や情報伝達技術の発達によって世界各地がつながり、世界の一体化が進んだ。また、工業生産国と製品市場、工業生産国と原料供給地などの経済的な結びつきも強まった。

③総生産は大きく向上したが、産業資本家のように利益を上げる人がいる一方、労働者の多くが劣悪な生活環境におかれるなど、格差の拡大が新たな問題となり、一概に豊かになったとはいえない。

テーマ全体の問い

●機械が生産の中核を担うようになり、熟練の必要がない労働者と出資する資本家の関係を軸とした資本主義が誕生し、労働者の環境を改善すべく社会主義も出現した。イギリスに対するあせりから他国にも産業革命は波及して資本主義国が増加した一方、産業革命に至らなかった地域は原材料供給地や製品市場として世界市場へ組み込まれ、経済的な世界の一体化が進んだ。技術革新は交通と情報の分野にもおよび、貿易拡大のほか、移民や旅行など人の移動も急増させ、列強による遠方の植民地化を可能にした。

4　中国の開港と日本の開国　　　p.16〜17

導入の問い

①アヘン戦争でのイギリスと、ペリーを日本に派遣したアメリカは、蒸気軍艦に代表される軍事力を直接・間接の手段として、それぞれ清、日本と条約を結び、欧米諸国が主導する国際関係に組み込もうとした。

②カリフォルニアから太平洋を横断してアジアで直接貿易をするための蒸気船などの補給地、および北太平洋で操業していた捕鯨船の補給地をともに日本に求めた。

解答

1．イギリス　2．林則徐　3．アヘン　4．南京　5．香港島　6．上海　7．関税率　8．領事裁判権　9．第2次アヘン　10．洋務　11．日米和親　12．日米修好通商　13．安政の五カ国　14．居留地　15．移民

テーマへのアプローチ

①清に対しては通商の拡大と貿易赤字の解消を求めた。日本へは初め石炭などの補給地を求めたが、のちには産業革命により生産が増大した綿織物市場としての役割を求めた。

②清は従来から欧米諸国との貿易が盛んで、開港は自由貿易や国交というルールの確立を意味したが、日本は従来、近隣諸国やオランダとの限定的な貿易しかなかったので、自由貿易の開始自体が大きな転換だった。他方、イギリスとの戦争で清がアヘン貿易の公認を強いられたのに対し、アメリカが主導した日本の開国ではアヘン貿易が厳禁された。

③清はアヘン戦争の敗北後も欧米側の外交・通商のルールを受け入れようとしなかったが、第2次アヘン戦争の敗北を経て欧米との国交を受け入れ、関税収入を利用して軍備の西洋化をはかった。日本はペリー来航時に軍事的な威圧を受け、貿易は拒みながら開港を認めたが、第2次アヘン戦争の情報もあり、数年後には欧米諸国との国交と貿易を認めた。これは明治維新に至る政治変動をもたらした。

[テーマ全体の問い]
●欧米諸国の軍事力を背景とする要求により、中国や日本・琉球は、条約による国交や貿易という新たな国際関係に組み込まれた。東アジアの国どうしの関係がただちに変わったわけではないが、欧米諸国との貿易や交流は盛んになり、東アジアのなかでも人やモノ・情報の往来が活発化した。また東アジアから世界各地への移民も盛んにおこなわれた。

第2章 国民国家と明治維新
1 市民革命 p.18〜19
[導入の問い]
①人々に与えられた権利が争いなどで損なわれないよう、権利間の衝突を調整して守るため。 ②②ではほかの2人を背負っている人、③では鎖を断ち切り武器をとろうとしている人が革命の担い手である。

[解答]
1．イギリス 2．独立宣言 3．ヨーロッパ諸国 4．人民主権 5．国民議会 6．人権宣言 7．戦争 8．国民投票 9．民法典 10．黒人奴隷 11．ハイチ 12．クリオーリョ

[テーマへのアプローチ]
①憲法などによって基本的人権を保障された国民が主権をもち、議会制度なども整備されている民主主義的な社会。
②アメリカ独立革命によって理念が明示され、その影響を受けたフランス革命、双方の影響を受けたラテンアメリカ諸国の独立と連鎖的に展開したが、それぞれに民主主義の達成度という点で多様な問題が残った。
③従来の大西洋三角貿易によって両大陸の関係は強く

なっており、相互に影響力が伝わる素地があった。また、イギリス産業革命の影響で各地において変革の必要性が高まっていた。

[テーマ全体の問い]
●市民革命の先がけであるアメリカ独立革命によって、基本的人権を保障された国民が主権をもつ民主主義的な社会が実現したととらえられた。このことはヨーロッパやラテンアメリカで似た構造の変革を引きおこした。結果として各国に基本的人権の保障や国民主権といった考えが広まり、それを規定した憲法が成立したが、多くの場合、女性の権利は軽視されたし、合衆国では黒人や先住民が国民の外へおかれるなど、現代的な人権擁護の立場からみると課題は多かった。

2 国民国家とナショナリズム p.20〜21
[導入の問い]
①国民国家であるためには、構成員である国民に一体感が求められ、それには言語、時間や空間の単位、ライフスタイル、心性などでの均質化が必要だったから。

[解答]
1．産業革命 2・3．ドイツ・イタリア（順不同） 4．国民 5．国民国家 6．ナショナリズム 7．西漸 8．移民 9．黒人奴隷 10．自由 11．リンカン 12．北部 13．ロシア 14．オスマン帝国（ミドハト） 15．イラン

[テーマへのアプローチ]
①人々のあいだで言語、時間や空間の単位、ライフスタイル、心性など様々なものが均質化されること。また、国家に強い愛着（ナショナリズム）を共有した状態。多くの場合、他国との敵対関係がもちだされる。
②ナショナリズムの高揚は、排外的な傾向を生むこともあった。また、対外的には外国との対立が激しくなることがあり、国内的には少数者への差別や迫害を生むこともある。
③イギリス産業革命以降に国家間格差が生じると、後発の国々は、先の市民革命で提示された均質な国民という理念にもとづいて、国民統合による強国化をめざしたから。

[テーマ全体の問い]
●言語、時間や空間の単位、ライフスタイル、心性などを均質化して誕生する、共通のアイデンティティをもった「国民」からなる国民国家には、市民革命で示された「均質な国民」という理念が用いられている。イギリス産業革命以降に国家間格差が生じるなか、先行する国家へ追いつきたい集団の多くは、国民国家建

設により人々を動員し、強国化して格差を埋めようとした。これは先行していた国家においても統合の必要を生じさせ、国民国家の形成が進んだ。

3 明治維新　p.22〜25

導入の問い

①新政府の構想、とくに徳川慶喜を政権から排除することの是非。　②五箇条の誓文第一条。　③憲法や議会による近代国家建設は、イギリスやアメリカ、フランスから西洋諸国に広まり、オスマン帝国など一部の非西洋諸国でも試みられていたため。

解答

1．日米修好通商　2．尊王攘夷　3．大政奉還　4．王政復古のクーデタ　5．五箇条の誓文　6．廃藩置県　7．西南　8．地租改正　9．自由民権　10.士族　11．農民　12．大日本帝国　13．帝国議会　14．新暦　15．学制

テーマへのアプローチ

①幕府が西洋諸国への開国を実現する過程で、有力大名が国政への参加を求め、さらに将軍と天皇の厳しい対立が生じたために、幕府の国政独占が困難になった。
②幕末には雄藩の藩主層から下級武士に広がりをみせた。新政府の成立後は特権を失った士族を担い手として自由民権運動が始まったが、しだいに納税者としての自覚をもつ農民にまで広がりをみせるようになった。
③本格的な近代的立憲制が整備され、議会の成立により国民の政治参加の道が開かれた。その一方で広範な天皇大権が規定されるとともに議会の権限は必ずしも大きくはなく、選挙権も当初においては著しく制限され、人権の保障も法律の範囲内とされた。

テーマ全体の問い

●19世紀後半、開国をきっかけに幕府と朝廷が対立するなか、有力大名が国政への参加を求めた。天皇中心の大名連合政権という構想は大政奉還をもたらしたが、薩摩藩と長州藩は徳川氏を排除して新政府を成立させた。「会議」「公論」による政治を約束した政府は、欧米諸国の憲法や議会を参照し、また民間からは国会開設を求める自由民権運動の圧力を受けながら、大日本帝国憲法の制定と帝国議会の開設に至った。

4 日本の産業革命　p.26〜27

導入の問い

①1の紡績業では輸入紡績機による機械化が進み、少人数の工女での大量生産が可能となった。3の製糸業では国産器械を用いたが、工程に工女の技術を一定程度必要とした。　②紡績業では、低賃金による安価な綿糸の大量生産で輸入代替化には成功したが、原料の綿花と機械が輸入のため、外貨獲得には直結しなかった。一方、国産の繭と器械を用いる製糸業は、完全な機械化には至らないが、貿易により外貨をもたらした。　③器械製糸が在来の座操製糸による生産を上まわるようになるが、座操製糸も駆逐されずに併存した。

解答

1．自由貿易　2．居留地貿易　3．生糸　4．綿糸　5．資産家　6．殖産興業　7．新貨条例　8．松方正義　9．日本銀行　10．金本位制　11．企業勃興　12．大阪紡績　13．外貨獲得　14．器械製糸　15．財閥

テーマへのアプローチ

①自由貿易によって原料・機械の輸入や、製品の輸出を円滑におこなうことができ、紡績業・製糸業が輸出産業として育つことが可能になった。
②紡績業は原料の綿花を輸入し、欧米型の高価な輸入機械を用いたために輸入超過となった。製糸業は輸入機械を改良した国産器械と国内農村が副業として生産した繭、そして安価な労働力を大量に用いて生産して欧米に輸出したため、主要な外貨獲得産業として成長した。
③産業革命前は、農村での人力による小規模生産が中心であったが、産業革命後は、紡績業では蒸気力を用いた大規模工場が中心となり、製糸業でも小規模工場が、農家の副業である手動(人力)の座繰製糸による生産を上まわった。紡績業では輸入により原料綿花を調達するようになった。この間に生産量は増加したが、軽工業では機械化により労働者の熟練技術が求められない分野が増え、工女などが低賃金労働者として従事した。

テーマ全体の問い

●江戸時代までに発達したマニュファクチュアなどの農村工業の技術基盤のうえに、イギリスを中心として成立していた交通と金融のシステムによる恩恵を受けた。この結果、紡績業の原料となる綿花を輸入により調達したり、欧米諸国ですでに発展していた技術や機械を導入したりして製品を安定的に輸出することができた。工女は安価な労働力となり製品価格に国際競争力をもたせ、幕末から日本最大の輸出業として発展した製糸業は、農家の副業として国内に浸透した原料の繭の生産(養蚕業)に支えられて有力な外貨獲得産業となった。

5 帝国主義　　　　　　　　　　　p.28〜29

【導入の問い】

1①腰に銃をたずさえ、両手で電信線をもっている。
②右足はケープタウン、左足はカイロにおいてアフリカ大陸を踏みしめている。　③考察のヒント：ローズ個人の前後を追うよりは、巨人はイギリス帝国主義を擬人化したものととらえるとよい。　23①フランスおよびイタリアの帝国主義的な侵略の際に持ち去られた。

【解答】

1．製品市場　2．徴兵　3．イギリス　4．アフリカ　5．文明化　6．国民国家　7．イギリス　8．ロシア　9．スエズ運河　10．イギリス　11．植民地（原料供給地・製品市場）　12．強制栽培　13．アメリカ　14．移民　15．タイ

【テーマへのアプローチ】

①イギリスに続き欧米諸国も産業革命の段階へ至ると、製品市場の確保が重要になった。とくに19世紀後半に重化学工業が中心となると、規模の経済が働くため製品市場を確保することの重要度が増し、各国で植民地への関心が高まった。
②帝国主義が本格化する19世紀後半、それまで軽視されがちだったアフリカがおもな侵略先となり、エチオピアやリベリアなどの例外を除き植民地化された。西アジアや東南アジアにもいくらかの余地があり、植民地化や保護国化が進んだ。
③宗主国の都合で選定された農産物や鉱物資源の生産地・供給地となり、世界市場へ直接結びつけられた。モノカルチャー経済となったことは、20世紀後半の独立後も、気候や国際価格の変動に左右される不安定な経済という形で問題として残った。

【テーマ全体の問い】

●帝国主義により植民地化された国や地域では、モノカルチャー経済となったり、独立を維持していても借款や対外債務超過など列強に対して経済的に従属することになった。列強間では勢力圏をめぐる対立が深まり、のちの世界大戦の背景となる国際対立を生んだ。列強と植民地など従属地域が原料や製品の往来によって強く結びつき、地域間の格差が拡大する一方で国際分業は深化し、経済的な面での世界の一体化がさらに進んだ。

6 変容する東アジアの国際秩序　　p.30〜33

【導入の問い】

①朝鮮の農民反乱を機に、日清両国が朝鮮に出兵し、

朝鮮への関与をめぐって軍事衝突したため。　②朝鮮における覇権や影響力。　③ロシア。

【解答】

1．北海道　2．樺太・千島交換　3．千島列島　4．日朝修好条規　5．自主の邦　6．沖縄県　7．台湾出兵　8．壬午軍乱　9．開化派　10．甲申政変　11．袁世凱　12．天津　13．内地雑居　14．日英通商航海　15．下関　16．遼東半島

【テーマへのアプローチ】

①日本は、領事裁判権の撤廃や関税自主権の獲得などの条約改正や欧米にならった国づくりを進めるとともに、国境に関する条約を結ぶなど領土を画定させ、主権国家をめざした。
②朝鮮は、日本・清・ロシアのせめぎ合いのあいだで、その思惑を利用しつつ、自主を守り、近代化を模索した。
③日本が清に勝利し、朝鮮の独立が認められた結果、従来の清を中心とする国際関係にかわり、東アジアは本格的に主権国家体制に組み込まれた。また東アジア情勢への介入を強めたロシアと、日本との対立が高まった。

【テーマ全体の問い】

●日本は、領土の画定や条約改正などを進めて主権国家への道をめざす一方で、清に服属していた朝鮮への関与を強めた。これに対し、清は朝鮮の属国維持のため、朝鮮への介入を強めた。朝鮮も自国の自主を守るために、日清両勢力を利用して近代化政策をおこなうなどの姿勢をみせた。このなかで生じた日清戦争は、清と朝鮮との関係が否定されることとなり、東アジアの国際秩序における清の勢力を衰退させたが、一方で三国干渉をおこなったロシアが東アジアへの関与を強める契機ともなった。

7 日露戦争と東アジアの変動　　　p.34〜35

【導入の問い】

12①鉄道・電線・汽船は、列強が中国に進出して中国社会を変えつつある事態を代表する存在だったから。　②列強は中国で鉄道や鉱山の利権、租借地の獲得はしたものの、たがいに牽制しあい、勢力の均衡がはかられていたから。また、義和団が鎮圧されたあとは、清の政権も列強と協調して政治改革を進める方針をとったから。　3①寝ていたり、飲酒したりしていて、中国の危機的状況を理解していない。　②列強の進出という中国の危機に目を向けること。

1・2. 旅順・大連（順不同）　3. 戊戌の変法　4. 義和団　5. 満洲　6. 大韓帝国　7. 日英　8. アメリカ　9. 韓国　10. 樺太（サハリン）　11. 保護国　12. 義兵　13. 併合　14. 中国同盟会　15. 袁世凱　16. 中華民国

テーマへのアプローチ

①日清戦争に敗れた清から、戦勝国の日本は台湾の割譲をうけ、欧米列強も租借地や鉄道などの利権を次々に獲得した。義和団戦争を鎮圧した日本を含む列強8カ国は北京に駐兵し、ロシアは満洲を占領した。日露戦争後、日本はロシアから旅順・大連租借地や長春・旅順間の鉄道利権を継承した。

②日本の勢力拡張に対抗してロシアに接近した韓国は、日露戦争後に日本の保護国、さらに植民地となった。中国の門戸開放を求めたアメリカは満洲地域を占領するロシアを批判し、日本に好意的だったが、日露戦争後は満洲権益を得た日本と対立した。満洲や朝鮮をめぐって対立した日本とロシアは、日露戦争後はアメリカの満洲市場参入を阻止すべく協調した。

③日本にきた中国人留学生や若い士官が集まった軍隊に孫文らの革命思想が広まるなか、武昌の軍隊が蜂起して辛亥革命が始まり、孫文を中心とした中華民国政府が発足した。袁世凱と革命勢力の相談により宣統帝が退位して、清が滅亡した。

テーマ全体の問い

●日清戦争後の清は、列強による利権争奪の対象となった。義和団戦争を機に、清はさらに列強への従属を強め、またロシアの満洲占領により、韓国への勢力拡大を恐れた日本との対立が深まった。日本は日露戦争で勝利してロシアの満洲権益や南樺太を手にいれるとともに、韓国を保護国化し、さらには併合して、本格的な帝国主義国家となった。清では欧米や日本にならった改革が進んだが、革命思想が広まり、辛亥革命によって中華民国が成立した。

近代化と現代的な諸課題

1　開発・保全　　　　　　　　p. 36〜37

①1では、現代と比べて病理学や医学が発達途上であったため、コレラ流行の原因を特定できず、上下水道の整備が遅れた。2では、当時から鉱毒が原因であると突き止められていたが、銅の産出を重視する政府や、雇用喪失を心配する近隣住民の意向があり、基本的には環境保全を重視する現代においては考えにくい、操業続行という結論がくだされた。

②日本の公害があげられる。たとえば、1950年代の水俣病は原因が突き止められる前は1と似た構造だが、原因が工場排水中の有機水銀だと特定されてからも操業は停止されず、同じく有機水銀を原因とする1960年代の新潟水俣病も防げなかった点は2と似た構造といえる。

③TOWN には高賃金や雇用機会、娯楽施設などの魅力とともに大気汚染やスラムといった環境面の欠点があげられており、COUNTRY にも明るい日射しや美しい自然など環境の良さとともに娯楽がないことや低賃金、公共心の欠如などマイナス面があげられている。一方、TOWN-COUNTRY には、空気と水はきれいでスラムも煤煙もないなど環境面の良さとともに、高賃金、安い物価や家賃など経済面や生活面での良さもあげられている。

④考察のヒント：自分たちの住んでいる場所や行ったことのある場所が、3つのうちどれに近いか考えてみるとよい。

⑤Garden City や田園都市はたしかに快適そうだが、その快適さは一定の大きさをこえない規模だからこそ実現するのであり、またその維持には費用もかかる。日本の田園都市の多くがのちに高級住宅街になっていることからもわかるように、Garden City や田園都市は経済面などで余裕がある人々なら住めるが、一般的な人々には手が届かないものになった。

◆考察のヒント：1950年代の水俣病など日本の公害は典型的な例である。また原子力関連施設の誘致や建設、観光業・都市開発・農業・漁業などと環境保全の関係などもあげられる。自分たちが住んでいる地域や行ったことのある地域の事例を取り上げ、身近なものとして考えてみよう。

2　対立・協調　　　　　　　　p. 37〜38

①ペリー来航以降の開国や貿易の開始を「未曾有の国難」ととらえ、幕府体制などの古い習慣では国難に対応できないと考えていた。そのため、新しい政権での挙国一致の必要性をとなえて、国威を高めて諸外国に対抗する必要があると考えられていた。

②共通点は、幕府が国政全般を担う体制を解消し、天皇を中心とする政権に改め、挙国一致で公議政体をはかろうとしたこと。対立点は、大政奉還の上表文では、徳川慶喜は内憂外患をまねいた幕府政治を否定して政治責任を回避したうえで、天皇中心の新政権でも中心として参画することを考えた。一方、王政復古の大号令では、幕府を廃し、徳川慶喜（徳川家）が新政権に参

画することを、摂政・関白への就任も含めて拒んでいる。

③天皇を中心とする新政権を樹立し、公家・武家の区別なく参画させ議論をつくして、公議政体をはかること。

④②は将軍の徳川慶喜、④は明治天皇が座っている。慶喜は大政奉還で朝廷への政権の返上を諸大名に伝えていて、天皇は王政復古の大号令で復活した朝廷政治の初会議で中心に据えられている。

⑤⑦は、第2次アヘン戦争で清が敗北したことにより生じた（外国公使の北京駐在）。④は1874年の日本軍による台湾出兵、⑦は1879年の明治政府による琉球処分（沖縄県の設置）を指している。

⑥従来の制度を改め、人材を用いることが必要であり、そのためには西洋の技術・学問を積極的に導入する必要があると考えている。

⑦ヤングは、朝貢という曖昧な関係ではなく、主権国家体制にもとづいて正確に国境線を示して領土を画定し、一元支配することにより、他国（日本）の進出などの難局を乗り切るべきだと助言している。一方、李鴻章は旧来からの朝貢国との関係（属国・自主）という清と周辺諸国との関係をなぜ変えなければならないのかと苦悩している。

⑧これまでの伝統や旧体制を維持すべきか、それとも西洋の学問や体制を導入する方がいいのかという葛藤に揺れ動き、清のあり方を模索していた。

◆考察のヒント：原子力発電は必ずしも安全ではないという点では一致するが、代替エネルギーとして何が良いのか、コスト・エネルギーの安全性の問題、地元の就職先の確保など各論では様々な事情により、賛否がわかれることがある。また、防衛システムの設置は急務であるが、地元への建設は反対という事例は在日アメリカ軍関連施設問題とも共通する。ゴミ処理施設の誘致も同様で、ここでは経済上の理由からやむをえず誘致を求める意見も加わり、「対立・協調」のバランスが難しい。

3　自由・制限　　　　　　　　　　　p.38〜39

①貿易による外国産の綿織物の流入は、同じものや類似のものを国内で生産する人々にとって不利益であり、彼らは制限を主張する。産業革命前には、国内の織物産業を保護したい人々がインド産キャラコの輸入制限を主張した。一方で、貿易業者や小売業者および消費者は、安価や良質など魅力的な商品の貿易自由化を望む。

②19世紀前半のイギリスは木綿工業を中心に他国に先がけて機械化・工業化が進んでおり、自国製品の国際競争力に自信をもっていた。このような場合、貿易に制限をかけるより自由化して貿易の規模を拡大した方がみずからの利益も拡大すると考え、推進した。

③それまで東インド会社の独占によって参入できなかった貿易会社や商人が、中国との茶貿易によって利益を上げた。

④海外との行き来を制限した「鎖国」のもとであっても、完全に国を閉ざしていたわけではない。具体的には松前藩を通じてアイヌと、対馬藩を通じて朝鮮と、幕府（長崎奉行）が直轄する長崎を通じて中国・オランダと、薩摩藩を通じて琉球とは取引が活発におこなわれていた。

⑤2枚のポスターは時期が異なり、それぞれの時期で政府がとっていた貿易政策は対照的であった。具体的には、⑨が描かれた時は保護貿易をとっており、現状とは異なる理想的な状態として自由貿易を右側に描いている。⑩が描かれた時は自由貿易をとっており、保護貿易を右側に描いている。現状を批判するという共通の目的のポスターだが、その現状が対照的であるため、⑨では自由貿易が素晴らしい生活を、⑩では保護貿易が素晴らしい生活をもたらすかのように表現されている。

⑥世界恐慌後のように各国が極端な保護貿易政策をとることもあるが、おおむね貿易の自由化は進展し、とくに第二次世界大戦以降は、GATT（関税及び貿易に関する一般協定）とその後身である世界貿易機関（WTO）によって貿易の自由化が進められ、世界貿易の規模は拡大した。ただその過程では、南北問題のような国家間格差の拡大もおこっている。

◆考察のヒント：貿易では、近年盛んな自由貿易協定があげられる。特定の国家間や域内における自由化に対して日本を含む各国は積極的だが、それらは排他的ブロック化に向かう危険性も同時にはらんでいる。また「自由・制限」に関係した問題は貿易に限らない。新型コロナウイルスが広がるなか（コロナ禍）における行動の「自由・制限」からは国家権力や人権のあり方について考えさせられるし、フェイスブックやツイッターなどSNS上でのアカウント停止など、言論や表現にまつわる「自由・制限」の問題でも多くの事例がある。

1　20世紀の国際関係の緊密化　　　　p. 40

①参戦国数が増加したうえ、銃後も含めて犠牲者数が大幅に増加している。また、貧富の差・身分、職業の差なく兵士として徴兵されるなど、全国民が戦争を支える総力戦となった。植民地支配下の人々も兵士として戦場に送られるなど、戦争を支えた。

②女性参政権を訴えている。その背景には、自分たちは第一次世界大戦中に工場などの労働に従事し、生産や納税を通して銃後から大戦を支え、国に貢献したという認識があった。

③先に男性普通選挙が実現してから、女性普通選挙が実現しているケースが多い。大戦を契機に普通選挙が拡大する傾向がみられる。男性普通選挙も女性普通選挙も第一次世界大戦後に拡大している。フランスやイタリア、日本では、第二次世界大戦後に女性普通選挙が実現している。ソ連や中華人民共和国などの社会主義国や、フィンランド、独立したインドでは、男女普通選挙の実現が同年である。

④多国間での会議が多く、米・英・日・仏・伊・独などが主要国としてみられるが、ソ連はみられない。軍縮や戦争を防ぐための話し合いが多くみられる。欧米諸国がアジアや太平洋など、自国ではない地域に関しての話し合いをしている。

♣第一次・第二次世界大戦ともに、一般民衆が徴兵されたり、銃後にいた女性たちも労働力として徴発されたりするなど、国民の全総力が戦争の遂行に関わる総力戦となった。植民地の民衆も、戦後の自治や独立などの約束と引きかえに従軍したり、戦債の購入などの協力を求められたりした。また、戦車や毒ガス、潜水艦、戦闘機などの使用により、戦死者数が膨大な数にのぼった。戦場だけでなく、一般民衆の生活空間が爆撃され、甚大な被害をおよぼした。第二次世界大戦では原子爆弾も使用された。こうした状況から、戦後は国際会議が開催されたり、植民地支配下の地域でのナショナリズムが激化したり、戦争に協力した民衆たち、なかでも銃後を支えた女性たちの参政権を求める動きが拡大したりした。

2　アメリカ合衆国とソヴィエト連邦の台頭　　p. 41

①考察のヒント：自分がこの書籍を売り出すつもりで、資料の内容をふまえて自由に題名をつけてみよう。まわりの人と比べたり、題名どうしを合体させて、主題や副題にしてもよい。

②国際社会において、ヨーロッパ諸国が経済的・政治的影響力を低下させる一方、アメリカ合衆国が経済的覇権を握り、影響力をのばして大国となった。また、日本やソ連などが国際社会で台頭したと考えられる。

③アメリカ合衆国大統領ウィルソンは、十四カ条で国際平和機構の設立を提唱したが、国際連盟には加盟せず、孤立主義の外交方針をとった。

④ソヴィエト連邦は世界初の社会主義国家である。社会主義を掲げ、プロレタリアに基盤をおく平等社会の建設をめざした点や、計画経済のもとでの急速な工業化、そして世界恐慌の影響を受けずに経済力をのばした点などが世界に衝撃を与えた。

♣アメリカ合衆国は、19世紀後半以降はイギリスをしのぐ経済力をもち、第一次世界大戦中には十四カ条を提案するなど国際的影響力を強めた。戦後は、提唱した国際連盟には加盟せず孤立主義をとったものの、ドイツへの賠償金支払い問題やアジア・太平洋地域における日本の勢力抑圧・軍縮に貢献するなど強い影響力をもった。ソヴィエト連邦は、建国の最中から中国革命を支援するなど、アジア地域などに影響を与えた。また、計画経済の導入・重工業化を進め、そのもとで社会的平等を達成した体制であると国際社会からはみられており、世界恐慌の影響を受けず、順調に経済成長を進め、1934年には国際連盟にも加盟した。

3　植民地の独立　　　　　　　　　　p. 42

①ヨーロッパ諸国が世界の諸地域（非ヨーロッパ地域）を支配下においていたこと。ヨーロッパ諸国を中心に、世界の一体化が進んでいたこと。ヨーロッパ諸国に支配されなかったのは西アジア地域の一部（トルコ・イラン、アラビア半島など）、東南アジア唯一の独立国であったタイ、清の支配領域だった地域および日本や朝鮮半島などであること。

②19世紀後半より続く形で植民地が増加し、また1940年代以降急速に植民地が減少しており、急激な植民地増加ののち、急激に独立国が増加した世紀だったといえる。

③1946～1956年のあいだにアジア地域の独立国が、1960年代以降にアフリカ地域の独立国が、1970年代以降に南北アメリカ地域の独立国（カリブ海地域の国々など）が増加している。また、冷戦後にソ連が崩壊した1991年以降は旧ソ連地域の独立国が増加している。

④国際連盟では、自立しえない人々の福祉と発達をはかるために植民地支配を正当とみなす認識が委任統治領の規定にも反映していたと考えられる。国際連合では、そうした植民地の認識を完全に否定し、基本的人

権を否定し国際連合憲章に違反するものという認識がみられる。また独立国間は対等であるという認識が強く反映されている。

♣総力戦となった第一次世界大戦への協力や、ロシアの社会主義政権、十四カ条で提唱された民族自決の影響、自治および独立を求める声が高まったことや、宗主国であるヨーロッパ諸国の経済的低迷、国際社会における地位の低下などが背景にある。とくに、第二次世界大戦後には、植民地支配の不当性が国際社会で共有されるようになるなどの意識の変化も大きく影響した。

4　大衆の政治的・経済的・社会的地位の変化　p. 43

①広告主となった百貨店は、都市の大衆が、クリスマスに合わせて自社店舗での買い物を増やして盛んに消費することを期待した。

②新聞やラジオ、雑誌などの大衆を対象としたマスメディア。

③政治家は人々の動向を無視した政治運営をおこなうことはできず、大衆の意向を反映し、要求を満たすことが求められた。

④ナチ党への支持を確かなものとし、勤労に集中させるため、大衆の願望を満たす内容の政治宣伝をおこなった。

♣発達した都市を中心に、消費や生活、文化について共通した意識を共有する人々が大衆を形成した。彼らは大衆消費社会や大衆文化の担い手になる一方で、時に国家権力に抵抗する大きな力となり、マスメディアを利用して政治家は彼らをコントロールしたり、支配することに力を注いだ。

5　生活様式の変化　　　　　　　p. 44〜45

①ご飯や汁物、おかずを一人ひとりに盛ってお膳にのせる「銘々膳」からちゃぶ台に変わり、食事方法が変化した。子どもの普段着も和装から洋装への変化が始まった。児童雑誌も発売され、1925年から放送が始まったラジオの受信機も徐々に家庭に普及した。

②新聞の普及には、義務教育の浸透による識字率の上昇やデモクラシーの発達があげられ、マスメディアの発達とあいまって国民の意識が変化した。速報性の高いラジオは、戦争や長引く不況、普通選挙の実施など社会問題への国民の関心が高まるなかで、価格が下がるにつれて家庭にも広まった。

③寄宿舎に住み込むことの多い工女は、家族総出で担う家業や農業と同様に、家庭の事情で就業し安価な労働力とされた。一方、職業婦人は、女子教育機関の整備により学歴や技能を得て、個人の意思で仕事を選び、定期的に給与を得た。

④総力戦となった第一次世界大戦では、女性も国家への協力を求められ労働および納税を担った。そのなかで女性の自立や社会進出、選挙権（参政権）が世界的に広がっていた。

⑤女性として無理して愛敬をふりまいたり、資格を得るために長期間通学したりする必要がないうえに、女性がつくほかの職業と比べて文書の作成という専門的な仕事を担うという誇りがあり、比較的高い収入も得られたから。

⑥総合雑誌は、高等教育機関の拡充により増加した新中間層に対し、デモクラシーの思想や政府・社会の問題点を提起する役割を果たし、世論の形成にも影響を与えた。若年層向けの大衆娯楽雑誌は、新しい娯楽を提供して大衆文化が地域をこえて広がり、広告を通して人々の生活や趣味・娯楽・考え方などを画一化する傾向があった。

⑦洋服の子どもや洋髪・洋装・靴の大人が実態よりも多く描かれていて、都市の生活が西洋化していることが誇張して表現されている。

⑧和室を中心とした日常生活の場である茶の間や居間と、椅子に座る洋風の応接間から、この頃が和洋折衷の文化であることがわかる。文化住宅は都市部の郊外に多いことから、西洋化は都市部が中心であったこともわかる。

♣教育の普及や交通網の充実、新聞・雑誌・ラジオに代表されるマスメディアの発達により、大衆も文化を享受するようになった。それは西洋の生活スタイルを取り入れた和洋折衷なものであり、衣食住などの生活様式や考え方（世論）なども、たとえば広告などマスメディアを通して、画一化する傾向が強かった。一方で、農村部など地方を中心に伝統的な生活様式や文化も色濃く残り、これらの新しい生活様式の地域差は大きかった。

第3章　総力戦と社会運動
1　第一次世界大戦の展開　　　　　　p. 46〜47

導入の問い

①②はイギリス、③はドイツで製作された。　②②は、みた人物に「国に貢献しているか？」を問いかけており、③は敵国イギリスの戦略を非難している。　③双方が塹壕を掘る防御重視の戦術によって戦線は膠着し、この状況を打開するため戦車が開発された。

解答

1．同盟　2．サライェヴォ　3．塹壕　4．総力戦
5．日英　6．二十一カ条の要求　7．孤立　8．パ
レスチナ　9．民族自決　10．ヴァイマル　11．女性
12．不戦　13．アメリカ

テーマへのアプローチ

①発端はバルカン半島の局地的な対立だったが、それ
までに成立していた軍事同盟網によって参戦国が増え
て大規模化した。また、双方が総力戦体制を敷いたり
植民地を巻き込んだりして、それも大規模化、さらに
長期化へとつながった。
②参戦国数・動員人員数・死傷者数などこれまでの戦
争と桁違いであった。そして19世紀以来の技術革新の
成果が軍事力として本格的に導入されたことで、戦場
はこれまでにない大量殺戮の舞台となった。
③各国で総力戦体制がとられたことは、労働者の地位
向上や女性の社会進出につながった。また、大戦中に
ロシア革命政府やアメリカ大統領が民族自決を提唱し
たことは、従属国や植民地におけるナショナリズムの
高揚にもつながった。

テーマ全体の問い

●各国で総力戦体制がとられたことは、労働者の地位
向上や女性の社会進出につながった。また、大戦中に
ロシア革命政府やアメリカ合衆国の大統領が民族自決
を提唱したことは、従属国や植民地におけるナショナ
リズムの高揚にもつながった。主戦場となった西ヨー
ロッパの各国は経済的にも国際関係的にも戦前までの
影響力を失い、20世紀後半の超大国であるアメリカと
ソ連の影響力が増すきっかけになった。そして、未曾
有の死傷者数を出したことは、戦後一時的とはいえ、
国際協調の気運を高めた。

2　ソヴィエト連邦の成立とアメリカ合衆国の台頭
p. 48〜49

導入の問い

①〜③①1920年代のアメリカは、自動車産業を中心に
大きな発展をとげ、都市化の進展やメディアの普及な
ど多くの点で、ほかの先進国を大きく引き離す発展を
とげた。　④①今までロシアで大きな力をもっていた、
ロシア皇帝（王冠の2人）、資本家、ロシア正教会
（聖職者）などが排除されている。

解答

1．ソヴィエト　2．共産　3．民族自決　4．コミ
ンテルン　5．戦時共産　6．第1次五カ年計画　7．
スターリン　8．ヨーロッパ諸国　9．孤立　10．国

際連盟　11．女性　12．移民

テーマへのアプローチ

①基本的人権や主権のあり方など、政治的な色合いが
強かった市民革命に対し、ロシア革命は農民への土地
分配や重要産業の国有化などを含んだ社会主義革命で
あり、最初の社会主義国家を誕生させた。
②欧米諸国や日本の資本家・支配層にとって社会主義
革命の波及は避けなくてはいけないことであり、レー
ニンら革命の指導者が世界革命論を信奉してコミンテ
ルンを設立したことにはとくに警戒を強めた。
③主戦場となったヨーロッパの生産が落ち込むなか、
アメリカは工業・農業生産ともに拡大させて経済的な
地位を上昇させ、途中から参戦して連合国側の勝利に
貢献したことで国際的な地位も高めた。

テーマ全体の問い

●ロシア革命で成立したソ連は産業の国有化を宣言し
た。他国は革命波及を恐れて対ソ干渉戦争を開始する
など国際的に孤立したが、新経済政策を導入して経済
を回復させると、社会主義路線を強化し第1次五カ年
計画に着手した。スターリンが実権を握ると個人独裁
により粛清がおこなわれた。債権国となったアメリカ
は、国際連盟への不参加を決めるなど、その経済力に
みあう指導力を国際社会で発揮するには至らなかった。
国内でも豊かな社会が実現する一方で移民法が成立す
るなど不寛容な傾向がみられた。

3　ヴェルサイユ体制とワシントン体制　p.50〜51

導入の問い

①アメリカが欠けている国際連盟を風刺している。
②ヴェルサイユ条約によって、領土をはじめとしてド
イツが多くのものを失ったことを訴えている。　③第
一次世界大戦中に日英同盟を理由に、ドイツ領南洋諸
島の1つであるサイパン島を日本が占領し神社を建立
したから。

解答

1．十四カ条　2．集団安全保障　3．国際連盟　4．
民族自決　5．ワシントン　6．日英　7．門戸開放
8．不戦　9．ソ連　10．孤立

テーマへのアプローチ

①ウィルソンの十四カ条の影響で、集団安全保障や民
族自決など従来なかった画期的な原則が盛り込まれて
国際協調の流れをつくった一方、戦勝国が既得権益を
手放さなかったり民族自決が適用されない地域があっ
たりするなど、原則の不徹底により将来の対立への火
種は残った。

②アメリカをはじめとした欧米諸国と協調して、国際的な孤立を避けることが日本の利益になると考えた。また、戦後恐慌のなかで軍事費の増大に苦しんでいた日本にとって、ワシントン会議に始まる軍縮の呼びかけは財政的な好機でもあった。

③国際連盟非加盟にみられるように伝統的な孤立主義をとりつつ、ドイツの賠償問題への介入や、ワシントン会議開催にみられるような太平洋・中国問題への関わりなど、局面によっては積極的な対外関係を展開した。

テーマ全体の問い
●ヴェルサイユ体制は、ウィルソンの十四カ条の影響のもと集団安全保障を制度化した国際連盟の設立など大きな成果もあったが、ドイツに報復を求めるフランスやイギリス、孤立主義のアメリカなど、各国の立場の違いが鮮明になった。日本の台頭を懸念したアメリカは、日本のほか主要な海軍国に軍事費削減を進めるためワシントン会議を開催し、日本も軍縮で財政負担を減らし欧米諸国との協調外交を推進したが、国内では軍部がしだいに反発を強めた。

4 世界経済の変容と日本　　p.52〜53

導入の問い
①①イギリスの経済力が低下し、世界（国際）経済の中心としてのアメリカの存在感が相対的に高まった。
②総力戦のもとイギリスやフランスは停滞、敗戦国ドイツは戦後の混乱や賠償負担が打撃となり、日本は戦後恐慌に見舞われた。世界恐慌により、資本主義国が大きく落ち込む一方、ソ連は計画経済によって成長を続けた。　②①国際収支の危機に苦しむ日本は、ヨーロッパ諸国が、戦場となったヨーロッパに注力しているあいだに中国のドイツ拠点を占領し、アジア・太平洋地域における権益拡大の好機と認識したため。

解答
1．金本位制　2．日露　3．外国債　4．重化学　5．造船　6．船成金　7．化学　8．大戦　9．在華紡　10．債権国　11．戦後恐慌　12．震災手形　13．支払猶予令　14．井上準之助　15．金輸出解禁

テーマへのアプローチ
①当初からの戦争当事国であったイギリスの地位が低下し、アメリカが国際経済の中心として台頭した。
②ヨーロッパの連合国への軍需品の輸出や、ヨーロッパ諸国の後退によるアジア市場への綿製品などの進出、アメリカへの生糸などの輸出伸長や、交戦国であるドイツからの化学製品の輸入途絶などによって、日本に

産業成長と産業構造の変化をもたらした。
③大戦景気によって膨張した産業界の再編が進まず、不景気でも国内の労働者の賃金は高水準で国際競争力は低いままであった。このようななかで、不良債権が銀行の経営を圧迫したため。

テーマ全体の問い
●金本位制が停止され、交戦国であったヨーロッパ諸国の国際経済への影響力が一時的に低下し、アメリカが国際経済の中心としての地位を確立した。日本はヨーロッパ諸国が後退したアジア市場や好況にわくアメリカ市場への輸出をのばして空前の好景気にわき、交戦国のドイツからの輸入途絶による化学工業の発展もあって、重化学工業国化が進展した。しかし、戦後の日本は、ヨーロッパ諸国がアジア市場に復興するなかで戦後恐慌が発生し、大戦景気のもとで膨張した産業界の再編に苦しんだ。

5 アジアのナショナリズム　　p.54〜55

導入の問い
①①の洋服姿はイギリスの文化を身に着けた法律家としての立場を示していたが、②の手織りの布（カディ）を腰に巻く姿は、イギリスの植民地支配とその根底にある近代文明を否定し、インド社会の改革と復興を、身近な実践から民衆とともにおこなっていこうというガンディーの意識を示している。　②植民地化し、インドを経済的従属地としたイギリスへの抵抗の意思をみせるスワデーシ（国産品愛用）の原理を浸透させ、インドの伝統にもとづいた産業の復興を主張するため。

解答
1．朝鮮総督府　2．三・一独立　3．民族自決　4．文化政治　5．五・四　6．中国国民　7．紡績　8．国民会議　9．全インド＝ムスリム　10．ローラット　11．非暴力・不服従　12．委任統治領　13．ワフド　14．ケマル　15．パフレヴィー

テーマへのアプローチ
①日本の植民地支配下だった朝鮮半島では、独立を求める形でナショナリズムが高まった（三・一独立運動）。中国では、第一次世界大戦での戦勝国となったにもかかわらず、旧ドイツ権益が日本の手にわたることへの不満が強まり、強い態度での外交交渉を求める世論が高まった。
②第一次世界大戦後の扱いに対する不満や、国内における紡績業を中心とした民族資本の成長などがみられた。
③インドでは、非暴力・不服従運動など独立運動が展

開された。西アジアでは、エジプト・イラク王国・トルコ共和国などが独立し、イランではパフレヴィー朝が成立した。しかし、スエズ運河（エジプト）や石油（イラン）などの経済利権はイギリスに握られていた。

テーマ全体の問い
●中国ではパリ講和会議で山東半島権益の返還が認められなかったことが、朝鮮ではウィルソン大統領の民族自決の影響を受けたことが、ナショナリズムの高まりにつながった。インドでは大戦中に約束された自治が守られなかったこと、西アジアでも大戦中のイギリスの多重外交やオスマン帝国に対する不平等条約、イランに対する大戦中の列強の行動が、ナショナリズムの高まりにつながった。

6 大衆の政治参加　　p.56〜57

導入の問い

①①従来も衆議院議員は国民から選挙で選ばれたが、政治は内閣や議会、元老のあいだでおこなわれた。憲政擁護運動では初めて大衆運動が内閣を倒した。　②工業化の進展や義務教育の普及、徴兵制にもとづく従軍などにより、制限選挙のもとで選挙権がなかった庶民も、政治への関心や不満を強くいだくようになった。　②③①ドイツではすでに女性も選挙に参加しているが、日本では男性普通選挙にとどまっていた。②第一次世界大戦が国民の最大限の協力を求めた総力戦となり、女性の社会進出も進んだため。

解答

1．男性普通選挙　2．女性参政権　3．日比谷焼打ち　4．憲政擁護　5．大正政変　6．民本主義　7．米騒動　8．原敬　9．大正デモクラシー　10．第2次護憲　11．労働　12．治安維持　13．平塚らいてう　14．新婦人協会　15．全国水平社

テーマへのアプローチ

①19世紀半ばから工業化のなかで労働運動がさかんになるなか、男性の参政権が拡大し、また女性の社会進出も始まって男女平等の参政権を求める運動がおこった。第一次世界大戦で女性が軍事産業などに動員されると、女性の発言力が強まり、性別を問わない普通選挙が広まった。
②義務教育の普及や徴兵制、メディアの大衆化などにより、庶民にまで政治への関心や不満が生まれ、大衆運動が政治を動かすようになった。デモクラシー思想の普及もあって、人々は本来平等だという考え方が社会に広まった。第一次世界大戦後に欧米諸国で労働者や女性の発言力が増し、性別を問わない普通選挙が広

まったことや、ロシア革命の衝撃なども大衆運動や社会運動に力を与え、政府や議会に参政権拡大の必要を認識させた。
③資本主義のもとでの、労働者の過酷な労働環境の改善、農村における小作農の不利な立場の改善、家父長的な家制度のもとで抑圧されていた女性の解放、封建的なきびしい差別からの解放と自由・平等などを求めた。

テーマ全体の問い
●19世紀半ば以降、欧米諸国では工業化の進展を背景に労働運動や社会主義運動が活発になり、男性の普通選挙が実現した。また労働運動や社会主義運動、女性運動、部落解放運動など、社会的な弱者（マイノリティ）が社会を変えようとする運動も盛んになった。第一次世界大戦での総力戦で女性の社会進出や納税などで国家への貢献が進んだ結果、女性も男性と同等の権利を求めたため、女性の選挙権が認められる国があいついだ。こうした国際情勢のなかで、徴兵制や義務教育の普及、工業化を背景に、日本でも大衆の政治的な自覚が高まり、男性普通選挙が実現したが、女性や被差別部落の差別解消および労働者や小作農の生活状況の改善には課題が残った。

7 消費社会と大衆文化　　p.58〜59

導入の問い

①アメリカでも日本でも、新中間層の増加や女性の社会進出がみられた。さらにアメリカの大衆消費社会で生まれた消費文化が世界各地に広まるなか、フラッパーやモダンガールの流行が生まれた。　②都市部の中間層や労働者を中心に、消費そのものを楽しむなかで、欧米の影響を受けた衣食住などのスタイルも受け入れた。

解答

1．大衆消費　2．中産階級　3．移民　4．マスメディア　5．ラジオ放送　6．俸給　7．職業婦人　8．郊外　9．文化住宅　10．関東大震災　11．消費文化　12．モダンガール　13．百貨店　14．大学　15．大衆（娯楽）雑誌

テーマへのアプローチ

①大量生産される低価格の工業製品や日用品が暮らしに入り込んだ。マスメディアの影響もあって、中産階級は画一化された消費文化を形成し、労働者もその消費文化を豊かさとして受容した。またアメリカの消費文化は世界各地にも広まった。
②労働者や新中間層の増加により、都市が拡張して電

車やバス、タクシーなどが発達し、また余暇には百貨店や映画館などで新しい娯楽を楽しむようになった。
③教育水準の向上によって新聞や大衆雑誌などのマスメディアの需要が増えるとともに、大衆の消費を喚起する宣伝の場ともなった。一方で、マスメディアは大衆を政治的に扇動する道具ともなった。交通機関の発達により、休日には、郊外から繁華街の映画館やターミナル駅の百貨店などに出かける生活スタイルが定着した。

テーマ全体の問い
●アメリカでは大量生産方式により商品化された低価格の工業製品が労働者にも普及し、消費を通じた画一的な生活や娯楽が豊かさの象徴となる大衆消費社会が誕生した。都市の新中間層をおもな担い手として世界各地に広がり、第一次世界大戦を経て工業化と都市化が進んだ日本にも波及した。教育水準の向上を背景に新聞や雑誌、ラジオなどのマスメディアが発達して新たな娯楽を提供するとともに、大衆の消費を喚起する役割を果たした。一方で、政府によるマスメディアを通じた宣伝・広報や大衆統制も始まった。

第4章　経済危機と第二次世界大戦
1　世界恐慌の時代　　　　　　　p.60～61

導入の問い
①②①投資家が投機に資金を投入して豊かさを得た一方で、農村や労働者は低賃金や失業にあえいだ。　③①輸出では、世界恐慌の影響でアメリカ市場が、ブロック経済圏の進展でヨーロッパ市場がともに縮小し、中国や満洲国、関東州など日本の勢力圏であったアジア市場への依存度が高まった。一方、輸入では、アメリカへの依存度が高まった。

解答
1. 大恐慌　2. ブロック　3. フランクリン＝ローズヴェルト　4. ニューディール　5. 団結権　6. ソ連　7. プラット条項　8. 中立　9. 金輸出解禁　10. 昭和恐慌　11. 農業恐慌　12. 高橋是清　13. 管理通貨　14. 積極財政　15. 重化学

テーマへのアプローチ
①世界恐慌は、農民の購買力の低下や資金が株式投資に集中したことを背景に発生した。アメリカが海外に投資していた資金を回収したことや、アメリカ市場の縮小によって諸外国にも恐慌が波及した。
②恐慌から脱出するため、アメリカは高関税政策と財政出動によるニューディールによって雇用創出をねらった。対抗したイギリスやフランスなどは自国植民地とのあいだで排他的なブロック経済をおこなった。
③日本では金本位制からの離脱による円安での輸出促進や産業の合理化、加えて積極財政による公共投資や軍備拡大などにより恐慌からの脱出をはかった。一方で、インフレが進行するとともに、農村の回復は不十分で、社会を不安定化させる要因にもなった。

テーマ全体の問い
●19世紀以来の世界経済の一体化を背景に、第一次世界大戦後にはアメリカがその中心となっていた。ニューヨークでの株価の暴落から始まった恐慌は、アメリカがヨーロッパに投資していた資金の回収や、アメリカ市場の縮小を通じて世界に波及した。各国はブロック経済による保護貿易やニューディール、金本位制からの離脱などにより恐慌からの脱出をはかったが、それまでの世界経済の繁栄の前提であった自由貿易の機会は失われ、社会は不安定化していった。

2　ファシズムの伸長と共産主義　　p.62～65

導入の問い
①独裁者がシンボル（党章）や軍服を身につけ、支持者に敬礼でこたえている。　②大衆の支持を集めている（アピールしている）独裁者。　③国家という民族共同体の利益（公益）優先、反個人主義、国家のために死ぬ覚悟が必要と主張している。

解答
1. ムッソリーニ　2. ローマ進軍　3. ナチ党　4. ヒトラー　5. 全権委任　6. 全体主義　7. ラインラント　8. エチオピア　9. 人民戦線戦術　10. スペイン　11. フランコ　12. 日独伊防共　13. ミュンヘン　14. ズデーテン　15. 宥和　16. 独ソ不可侵

テーマへのアプローチ
①ヴェルサイユ体制への不満や経済的低迷のなかで、共産党や労働運動をおさえるとして、保守派や産業界の支持や協力を受けて、全体主義を主張する政党が政権を掌握し、大衆の期待にこたえようとしたから。
②ナチ党は、大衆の支持を受けて第一党となり、ヒトラーは合法的に政権を獲得した。こうした経緯は、大衆、つまり私たちの生きる時代にもこうした可能性があることを教えてくれる。
③ドイツは、国際的に孤立したイタリアや日本と防共協定を結ぶことでソ連を牽制し、また英・仏に対しては敵対しない姿勢をみせた。しかし、東ヨーロッパへの進出をはかるうえで、当初はソ連との衝突を回避するために、スターリンの英・仏への不信感を利用しつつ、独ソ不可侵条約を結んだ。

●ヴェルサイユ体制への不満や世界恐慌による経済難などの問題を抱えたイタリア・ドイツで、社会福祉政策の拡充や民族主義的領土要求を掲げる全体主義的な政権が大衆の支持を得た。そして、ドイツ・イタリアの領土要求を、イギリスやフランスがソ連に対抗するためにある程度了承したことなどにより、ヴェルサイユ体制は崩壊へと向かった。

3 日中戦争への道 p.66〜67

導入の問い
①②①蔣介石の国民政府との対立を放棄し、日本に対抗するため国民政府に合流する立場。　②国民政府のもとで中国の統一が成立した。国民政府は国内の政治と経済の統一を進め、共産党と対抗した。　③①国連総会の採決結果を嘆き、日本の国際連盟脱退を支持した。日本の世論は満洲事変での軍事行動や満洲国の建国を支持しており、勧告案は受け入れられなかったため。

解答
1．中国国民　2．第1次国共合作　3．中国共産　4．蔣介石　5．北伐　6．南京国民政府　7．関東軍　8．満洲事変　9．満洲国　10．五・一五　11．二・二六　12．日独防共　13．抗日民族統一戦線　14．日中　15．援蔣ルート

テーマへのアプローチ
①共産党と対立する蔣介石の南京国民政府の統治が満洲にまでおよび、共産党との内戦になるとともに、満洲権益の確保をねらう日本との対立が激しくなった。
②政治面では政党内閣が終結し、軍部の影響力が強まった。外交面では中国への強硬な勢力拡大により、アメリカやイギリスとの協調関係が悪化し、国際連盟からも脱退した。
③中国では抗日民族統一戦線が成立するとともに、日本の軍事行動を非難する米・英・仏・ソが援蔣ルートを通じて蔣介石の重慶国民政府を支援した。日本政府は近衛声明によりみずから蔣介石との和平交渉の道を閉ざし、汪兆銘を利用した和平工作にも失敗した。戦争も局地戦での勝利にとどまり、停戦には至らなかった。

テーマ全体の問い
●中国で南京国民政府による全国統一が進むと、日本では満洲権益を強硬に維持しようとする声が高まり、また昭和恐慌も影響して内政や外交の現状打破を求める国家改造運動が盛んになった。こうしたなかで関東

軍による満洲事変や満州国の建国は国民の支持をうけた。五・一五事件や二・二六事件を経て軍部が政治の主導権を握るなか、1937年には盧溝橋事件が勃発した。近衛内閣は軍部におされて戦線を拡大させ、これに国民政府と共産党が提携した抗日民族統一戦線が対抗することで日中戦争が長期化していった。

4 第二次世界大戦の展開 p.68〜71

導入の問い
①参戦国が増加した。また戦場がより広範囲となり、ヨーロッパ、北アフリカやアジア、太平洋地域などが戦場となった。　②ヨーロッパの戦争に、日本の中国・東南アジアでの軍事行動、日米対立が重なったから。　③ドイツと日本が始めた戦争が、枢軸国と連合国との世界規模の戦争に拡大したから。また長期にわたる総力戦を終わらせるため、無差別爆撃や原子爆弾が用いられたから。

解答
1．独ソ不可侵　2．ポーランド　3．フランス　4．チャーチル　5．東亜新秩序　6．日米通商航海　7．フランス領インドシナ北部(北部仏印)　8．日独伊三国　9．武器貸与　10．日ソ中立　11．南部仏印　12．東条英機　13．ハワイ　14．大西洋憲章　15．大東亜共栄圏　16．スターリングラード　17．北フランス　18．ヤルタ　19．ポツダム　20．原子爆弾

テーマへのアプローチ
①独ソ不可侵条約を結んだドイツがポーランドに侵攻し、これを受けてイギリスとフランスがドイツに宣戦した。また、ソ連もポーランドに侵攻し、東半分を占領した。
②アメリカは当初、第二次世界大戦で中立の立場をとったが、日中戦争では中国を支援し、またイギリスの支援を模索した。日本はドイツの攻勢をみて三国同盟を結び、ドイツに敗れた国々が東南アジアに持つ植民地をねらった。日本が南部仏印に進駐すると、アメリカは対日石油輸出を禁じ、イギリスと大西洋憲章を発表した。日本がアメリカ・イギリスに宣戦すると、ドイツとイタリアも対米参戦して枢軸国が形成され、アメリカは連合国の一員となった。
③イギリス・フランスとドイツ・イタリアとの戦争が独ソ戦や日中戦争・太平洋戦争と結びつき、世界規模の戦争となるなかで、大西洋憲章を基軸に、連合国側の会談や会議を通じて戦後構想が形成されていった。

テーマ全体の問い
●第二次世界大戦当初は独ソ不可侵条約を結んだドイ

ツ・ソ連がヨーロッパを席巻した。ドイツの攻勢に乗じて、日本は軍事物資獲得、援蔣ルート断絶のために北部仏印に侵攻し、日独伊三国同盟を結んだ。こうした状況や日中戦争もあり、日米対立は激化し、孤立主義が強かったアメリカは、武器貸与法などでイギリスなど反ファシズム諸国支援の姿勢をとった。独ソ戦・太平洋戦争が始まると、大西洋憲章に賛同する国々が連合国としてまとまった。このような情勢から、戦場や参戦国が拡大し、長期化につながった。

5 第二次世界大戦下の社会　　　　p.72〜73

導入の問い
①①アメリカで軍事産業に動員された女性、②イギリスの植民地支配下で動員されたインド人兵士、③日本で徴兵された大学生、④ユダヤ人やソ連兵捕虜など、強制収容所の囚人。　②植民地を含む戦時動員は連合国と枢軸国とを問わなかった。男性はおもに兵士として、女性はおもに労働力として動員された。非戦闘員が数多く命を失ったのも国を問わないが、迫害や虐待は枢軸国やソ連に多くみられた。

解答
1．計画　2．全体主義　3．国家総動員　4．新体制　5．女性　6．学徒出陣　7．皇民化　8．無差別爆撃　9．ホロコースト　10．学童疎開　11．原子爆弾　12．社会保障　13．平和

テーマへのアプローチ
①ソ連やドイツでは全体主義的な政治体制下で、軍事工業のための経済計画がつくられた。日本でも経済統制や計画経済が推進され、また議会が無力化した。流通の統制は連合国と枢軸国とを問わなかった。
②兵力として前線に送られる成人男性だけでなく、植民地の民衆や女性などの軍需動員が広くおこなわれた。一方では従来の従属的な立場からの解放に期待して戦争に協力する人々もいたが、他方では抑圧や虐待、迫害に苦しんだ人々もいた。
③惨劇をもたらした反省から民主主義や人権の価値が再確認され定着した。その一方で、統制経済や社会保障の仕組みなどは戦後の社会に引き継がれた。女性の役割意識に変化が生じたほか、植民地では民族意識が高まり、独立運動へとつながった。

テーマ全体の問い
●日本では計画経済への期待の高まりのなかで議会の形骸化が進んだ。各国では大規模な民衆動員と流通の統制がおこなわれ、女性や植民地をはじめ広範囲に民衆の動員が進んだ。一般市民が直接攻撃の対象とされ

たほか、組織的な民族の抹殺計画や強制労働、虐待などにより命を落とした人も多かった。こうした経験をした人々は、反省を通して民主主義の価値を認識するとともに、権利や役割への意識を変え戦後社会の仕組みをつくり出していった。

6 国際連合と国際経済体制　　　　p.74〜75

導入の問い
①連合国（戦勝国側の国々）。　②第二次世界大戦中は、ファシズム・枢軸国側に対抗するために結束したが、大戦後は平和を追求する国際的な組織へと性格が変わった。

解答
1．サンフランシスコ　2．安全保障理事会　3．拒否権　4．武力制裁　5．関税及び貿易に関する一般　6．金ドル本位制　7．ブレトン＝ウッズ　8．国際通貨基金　9．ドル　10．日米安全保障

テーマへのアプローチ
①国際連盟の全会一致制や経済制裁のみの機能では、戦争を防止できなかったという教訓を得て、国際連合では、全会一致制を採用せず、武力制裁を容認したうえ、安全保障理事会常任理事国に拒否権を与えた。
②金保有や鉱工業で圧倒的な力をもつアメリカのドルを基軸通貨とする金ドル本位制がとられたことや、アメリカの支持する自由貿易を前提とした通商秩序という特徴がある。
③第一次世界大戦後とは異なり、国際連合の安全保障理事会常任理事国となり、国際経済秩序においても大きな指導力を発揮した。

テーマ全体の問い
●大西洋憲章での提案をふまえ、第二次世界大戦後半期より連合国側の会議・会談などで検討されて国際連合が発足した。また、ブレトン＝ウッズ会議で、圧倒的な経済力をもつアメリカのドルを基軸通貨として、各国の為替相場が固定される金ドル本位制がとられ、アメリカの支持する自由貿易を前提とした通商秩序が形成されるなど、アメリカの影響力が強いなかで新たな国際経済体制が形成された。

7 占領と戦後改革　　　　p.76〜77

導入の問い
①それまで男性が独占していた参政権を女性が獲得し、女性国会議員も誕生した。　②それまで地主が小作農に貸し付けていた農地（小作地）が耕作者に売却され、自作地になったという変化。

解答

1．分割　2．直接　3．ニュルンベルク国際軍事
4．単独　5．間接　6．小笠原　7．女性参政権
8．地主　9．極東国際軍事　10．日本国　11．国民
12．食料　13．日本自由　14．日本社会

テーマへのアプローチ

①共通点は連合国による占領、非軍事化と民主化、指導者への国際軍事裁判など。相違点は、ドイツが米・英・仏・ソに分割占領されたのに対し、日本は本土と南西諸島・小笠原諸島に分割されたが、ともにアメリカの占領下におかれたこと。
②日本を民主国家とし、またそれにより戦争を防ぐ目的。世界平和という理想。
③変化した点は民主化の受容、社会主義勢力の成長、平和主義など。変化しなかった点は天皇制の維持とその支持、政党政治の復活など。

テーマ全体の問い

●四カ国に分割統治されたドイツと異なり、日本は本土と南西諸島・小笠原諸島に分断されたが、どちらもアメリカの統治下におかれた。言論の自由や女性参政権付与、農地改革などの民主化政策とともに、日本国憲法で国民主権・象徴天皇制や戦争・戦力の放棄、男女同権などが定められた。価値観が激変するなか人々は民主化を受け入れ、復活した政党政治では戦前の流れをくむ保守勢力と、食料難のなかで支持を集めた社会主義勢力との対立構図ができた。

8　冷戦の始まりと東アジア諸国の動向　p.78〜79

導入の問い

①第二次世界大戦中は共通の敵であるナチス=ドイツなど枢軸国に対抗するために結束して戦っていたが、戦後は対立が表面化した。　②ソ連軍によりドイツなど枢軸国の勢力から解放された東ヨーロッパ地域には、ソ連主導のもとで共産主義政権や社会主義国が拡大するという情勢が生じた。

解答

1．トルーマン　2．鉄のカーテン　3．封じ込め
4．トルーマン=ドクトリン　5．マーシャル=プラン　6．コミンフォルム　7．チェコスロヴァキア
8．ベルリン　9．北大西洋条約機構　10．ドイツ民主共和国　11．中華人民共和国　12．大韓民国　13．朝鮮　14．国連

テーマへのアプローチ

①世界がアメリカを中心とする資本主義陣営（西側）とソ連を中心とする社会主義陣営（東側）に二極化され、米・ソの直接戦争には至らないものの、イデオロギー的・軍事的に鋭く対立し合うようになった。
②冷戦により世界が二極化し、イデオロギー的・軍事的対立が生じたり、分断国家や朝鮮戦争といった熱戦が生じたりするなど、国際社会に対立と分断をもたらすという影響を与えた。
③ヨーロッパではマーシャル=プランの受け入れ可否により東西分断がみられ、ベルリン封鎖や東西ドイツの分断が生じた。アジアでは中華人民共和国の成立とソ連との連携、朝鮮半島の南北分断と朝鮮戦争などの形で表面化した。

テーマ全体の問い

●「鉄のカーテン」演説やトルーマン=ドクトリンによる共産主義勢力の膨張を阻止する政策の表明などを通じて冷戦が表面化した。マーシャル=プラン受け入れの可否は、ヨーロッパの東西分断を表面化させた。ヨーロッパではベルリン封鎖と東西ドイツの分断、アジアでは成立した中華人民共和国とソ連の連携、朝鮮半島の南北分断と朝鮮戦争のように、分断国家や熱戦といった形で冷戦は進んだ。このように、世界は資本主義陣営と社会主義陣営に二極化するなかで、冷戦対立は軍事ブロック対立へと移行した。

9　日本の独立と日米安全保障条約　p.80〜81

導入の問い

①西側諸国のみとの講和や日米安全保障条約によるアメリカ軍の駐留には賛否がわかれ、沖縄ではアメリカの統治継続に反対する復帰運動が盛り上がった。　②朝鮮戦争で日本の戦略的価値を認識したアメリカが日本の独立を急ぎ、吉田内閣も早期独立のため西側諸国のみとの講和やアメリカ軍の駐留、南西諸島の分離を受け入れ、また国会では反対意見は少数派だったため。

解答

1．経済　2．360　3．レッドパージ　4．警察予備隊　5．特需　6．吉田茂　7．サンフランシスコ平和　8．日米安全保障　9．日本社会　10．再軍備
11．日米行政　12．MSA　13．自衛隊　14．復帰

テーマへのアプローチ

①中華人民共和国の成立や朝鮮戦争など、東アジアで東西陣営の対立が激化するなかで、日本の早期独立によって西側陣営の一端を担わせようとしたため。
②日本本土の占領統治は終結したが、日米安全保障条約・日米行政協定によりアメリカ軍が駐留を続け、また南西諸島や小笠原諸島は引き続きアメリカの統治下におかれた。

③平和条約未締結国との国交正常化や、日米安全保障条約・日米行政協定にもとづくアメリカ軍の駐留のあり方の改善、南西諸島・小笠原諸島の施政権返還、北方領土問題など。

テーマ全体の問い

●東アジアで冷戦が表面化するなか、アメリカは日本を西側陣営の一員として早期独立させることとした。講和は東側陣営や中国を含まず国内での反対も強かったが、吉田茂内閣は、独立回復を急ぐとともに国防をアメリカに依存し、経済発展を優先させる方針にもとづいてサンフランシスコ平和条約に調印した。また、アメリカ軍の駐留を可能とする日米安保条約に調印し国際社会に復帰した。一方で軍政が続く沖縄などの日本復帰や東側陣営の国々との平和条約の締結といった課題が残された。

国際秩序の変化や大衆化と現代的な諸課題

1 対立・協調　　　　　　　　　　　p.82〜83

①インドの鉄道は、イギリスが綿花の積み出しのために設けた路線が中心で、港湾部と綿花地帯を結んでいる。都市間を結ぶ環状的な路線は少なく軌間も不統一であったため、営業距離は長いながらも鉄道網の形成には支障があり、イギリスの収奪の手段としての役割を担った。一方、日本の鉄道は外国の技術を導入しながらも、外国(人・企業)による建設や経営を認めず、政府により鉄道政策が一元化され、レールや機関車の国産化も進んだ。私鉄(民設・民営)も認めたが、軌間の統一により鉄道網は都市間を含めて全国的に拡充し、鉄道が開通することは町の誇りともなった。

②ⓐ「改主建従」では、都市部や都市間など幹線の複線化や広軌への改軌により、輸送量の増加や高速化が進む。「建主改従」では、新規の路線延長を優先することにより、地方交通線を中心に鉄道網の全国化が進む。　ⓑ明治政府が狭軌での鉄道建設を進めたため、産業革命の成立による貨物輸送量の増加と産業構造の変化にともなう都市への人口流入により、都市部では高速化と輸送力に支障が生じていた。「建主改従」派は「改主建従」派に対して、地方を無視して都市部を優先したものであると批判した。「改主建従」派は、採算が見込めない路線の建設には消極的で、幹線の複線化や広軌への改軌を優先すべきであると批判した。ⓒ「建主改従」政策により鉄道網は全国に拡充したが、高度経済成長期のモータリゼーションの発達や地方の人口減少により不採算路線が拡大し、1987(昭和62)年の国鉄(日本国有鉄道)の分割民営化以降、赤字路線の

廃止や鉄道事業の縮小が進んだ。

③⑤は、主要幹線の国有化により私鉄との競合がなくなると、サービスや利便性が低下することや、絵にみられる威圧的な駅員の姿から民業への圧迫の危惧を示している。一方、⑥では、民営化による赤字路線の廃止、合理化や値上げ、鉄道事業の分割化による長距離列車や夜行列車の廃止や、乗り換えの増加などの乗客の利便性の低下を危惧している。

④人口が増加し、鉄道が旅客・貨物ともに輸送の中心であった時代には、国営による輸送の一元化や路線の維持が重視され、民営では軍事輸送の優先や機密保持に支障が生じることが問題とされた。一方、モータリゼーションの発達や地方の人口減少により、鉄道事業の累積赤字が問題となると、地域の実情を無視した画一的な鉄道経営や収益の見込めない新規路線の建設が問題となり、国鉄は分割民営化され、不採算路線の整理や合理化が進んだ。

⑤たとえばアメリカでは、鉄道は創業期から民営鉄道が中心で、都市間や幹線など収益が見込める路線を中心に現在も多くは民営であるが、大都市間の高速旅客輸送を担う AMTRAK(写真⑧)は公社経営である。広大な国土をもつため貨物輸送は依然として鉄道が主流であるが、旅客輸送は自動車や飛行機が主流である。一方、韓国では、日本の植民地時代から継承された国営鉄道も、現在は大都市の地下鉄など一部を除いて、国や自治体が保有して公社が経営する方式が大半である。KTX(地図⑨)も、公社が運営している。国土の狭い韓国では、高速道路網の整備により、貨物輸送における鉄道の割合は著しく低下した。

◆考察のヒント：たとえば、「核兵器は反対」であるが、外国の核実験に対する考え方や運動方針の違いから原水爆禁止をとなえる全国組織は分裂した。労働者の生活向上をうたう労働組合の全国組織も、支持政党や運動方針の違いから同様の状況にある。職場内の労働組合組織が職種によって異なることも同様である。公共サービスの見直しや企業内の業務改善なども、たとえば「財政(会社)がきびしいことは理解するが、○○の廃止や縮小は反対」「ゴミ処理施設は必要だが、近所への設置は反対」など、受益や利害が相反する場合に「総論賛成・各論反対」は先鋭化する。

2 統合・分化　　　　　　　　　　　p.83〜84

①アメリカが必要としている移民：英語圏・北欧・西欧などの出身者・英語が通じる、プロテスタント系の人々、アメリカ経済に貢献する技術者・WASP に似通

った人々。

できれば受け入れたくない移民：南欧や東欧、アジアなどの出身者・英語が通じず、プロテスタントではない、アメリカに利益よりも負担を増やしそうな人々・WASPとは異質な人々。

②これまで当たり前と思っていたアメリカ人の認識や制度を揺るがす問題。アメリカのアイデンティティが問われる問題。

③大陸横断鉄道。

④生活習慣や宗教が異なるうえに、人件費が安く、白人の低賃金労働者から仕事を奪う存在とみられたから。

⑤アメリカで、日系移民排斥運動が生じているという問題があった。

⑥人種や宗教にもとづく差別・偏見を排除するため、国際連盟規約の前文に人種平等の原則を入れることを提案した。

⑦敵国の出身者（敵性外国人）であるとして、強制収容所に収容された。

⑧「私の両親」は、日本生まれであるが、「私」と「私の姉」は、カナダ生まれの日系2世であり、日本で育っておらず、行動や意識はカナダ人と認識しており、日本では受け入れられないと感じているという違いがある。

⑨出身国日本と移民先の国とのあいだで、自分は日本人なのか、移民先の国の人・国民なのかという葛藤があった。また自分たちのアイデンティティを問われ、出身国か移民先の国かの選択をせまられた。

◆考察のヒント：移民・難民をとりまく問題は現代社会でも様々に生じている。EUにおける2011年のシリア内戦を原因とする移民・難民問題やトランプ大統領によるアメリカの移民政策などがニュースでも取り上げられた。こうした事例や、ムスリム系移民とフランスのライシテや宗教的標章規制法などの問題、日本が抱える移民や外国人労働者の問題などが想定されるだろう。

3　平等・格差　　　　　　　　p. 84〜85

①1896〜1936年：ヨーロッパ8、アフリカ0、アジア0、オセアニア0、北アメリカ2、ラテンアメリカ0
1948〜2028年：ヨーロッパ9、アフリカ0、アジア4、オセアニア2、北アメリカ4、ラテンアメリカ2

②問い：なぜ開催都市がヨーロッパや北アメリカに集中するのだろうか？
予想される答え：帝国主義時代以降は欧米が世界経済の中心で、アジア・アフリカの多くは植民地化された

ため。

問い：第二次世界大戦後に開催都市がアジア・ラテンアメリカ・オセアニアにも広がったのはなぜだろうか？　予想される答え：植民地支配や従属状態からの独立や自立が進み、経済成長もとげるようになったため。

③オリンピックは、参加国や競技数、競技者数が拡大するなか、巨額の経費をまかなうためにスポンサー契約をおこなうようになった。その最大の契約先がアメリカのケーブルテレビ局で、独占放映権料がオリンピック委員会に入るため、アメリカで人気のNBA（バスケットボール）やNFL（アメリカンフットボール）、MLB（野球）などのシーズンを避けて、酷暑の時期の開催となった。また、アメリカのゴールデンタイムでの放映時間に合わせるため、競技に不向きな時間に設定されることも多々みられた。

④女性参加可能競技数と女性参政権の承認とのあいだには、強い相関関係を認めることができない。

⑤1976年のモントリオール大会。1960年代より性差別に反対するフェミニズムの運動が高揚し、性別役割分担への批判などがなされるようになっていた。また、国際連合においても、1975年が国際女性年と定められ、1979年には女性差別撤廃条約が採択されて81年に発効した。これにより、女性と男性の「実質的平等」への取り組みが加速している。日本においては、1985年に不十分ではあるが、男女雇用機会均等法が制定された。

⑥1950年代まで：大衆化が進展するなか、女性のスポーツ分野への進出も始まったが、テニス、ゴルフ、アーチェリー、フェンシング、馬術など、貴族やブルジョワ的競技に限定されていた。

1980年代まで：グローバル化やフェミニズム運動の進展にともなって、バレーボール、バスケットボール、セーリングなど、より激しい競技への女性の参加が認められるようになった。

1990年代以降：柔道、サッカー、ウェイトリフティング、テコンドー、トライアスロン、レスリング、ボクシング、ラグビーなど、激しいコンタクト＝スポーツや運動強度の高い種目にも女性の参加が認められて、21世紀には男女平等が実現した。

◆考察のヒント：たとえば、男女平等やジェンダーの問題に加えて、LGBTQへの差別の問題、宗教や民族・人種にもとづく差別の問題などが想定される。

第Ⅲ部　グローバル化と私たち

1　冷戦と国際関係　　　　　　　p. 86

①独ソ戦の過程で東ヨーロッパ地域をソ連軍が占領していくなか、19世紀以来のバルカン半島におけるイギリスの勢力圏を確保する必要があると、チャーチルが考えたため。

②ほぼチャーチルとスターリンとの極秘会談の合意内容どおりに、東西ヨーロッパが分断された。冷戦は、1946年の「鉄のカーテン」演説や、47年のトルーマン＝ドクトリンから始まるとされるが、その枠組み自体は、第二次世界大戦中に生まれていた。

③米ソの冷戦が緊張を高める1960～80年代半ばまで核兵器数は増加し続けた。80年代後半の冷戦の終結に関連して核兵器数は減りはじめ、戦略兵器削減条約によって大幅に減少した。

④冷戦の高まりを背景に、1960年代までに米・ソ・英・仏・中5カ国が核保有国となるなど拡散が始まり、NPT締結国となった。東側陣営内部でも中ソ対立から核戦争の危機が強まった。

♣冷戦はイギリスのチャーチルやソ連のスターリンなど、一部の大国指導者や国家の利害関心のもとに始まった。それはアジアやアフリカの植民地においても同様である。また、核兵器の保有をめぐり、米ソの対立を中心に国際関係が展開した。

2　人と資本の移動　　　　　　　p. 87

①インド・ロシア・中国などから、アメリカ・ドイツへと多くの移民が渡っている。トルコからドイツへ、韓国・中国から日本へ、インド・パキスタンからイギリスへ、フィリピンからアメリカへの移民もみられる。

②開発途上国。伸び率ではインドが一番であるが、ほかのアジア地域やアフリカ、中南米もきわめて高い伸び率を示している。

③日本の旧植民地であった韓国・朝鮮や、大正時代頃より急増した留学生や華僑の出身地である中国が多い。近年では韓国・朝鮮人やブラジル人の割合が減少し、それにかわって中国人やフィリピン人が増えている。

④トルコ人は、日頃からドイツの労働者の職を奪うものとのいわれなき差別を受け、イスラーム教徒に対する偏見もあって、社会的な不満のはけ口とされやすいため。

♣グローバル化の進展にともなって、人の移動ではアメリカが受け入れ国として圧倒的だが、他国でも旧植民地から旧宗主国への移民がめだち、文化的な対立が生じることがある。資本の移動では、近年の経済成長

を反映して、アジアなど開発途上国への投資が急増している。

3　高度情報通信　　　　　　　p. 88

①情報が迅速かつ安定してやりとりされることで、社会の安定や円滑な経済活動につながるということ。

②世界中で情報がやりとりされ、遠隔地での政治に関するニュースや経済的な取引のための注文などがおこなわれた。

③欧米や、欧米と関わりの深いオセアニア、南米の一部で普及し、アジアやアフリカでは普及が進んでいない地域が多い。

④世界規模で、同時に個々人同士が情報交換をできるようになり、密度の高いコミュニケーションや迅速な取引を可能にした。一方で、普及率の差が経済格差に結びつくことや、インターネット犯罪、不確かな情報発信による混乱など、新たな課題が生じた。

♣世界中で様々なものが国境をこえて結びつき、社会運動や経済活動のあり方を変えた。一方で、情報やネットワークを独占する国や企業が生まれたり、真偽不明な情報から混乱をまねいたりしている。

4　食料と人口　　　　　　　　p. 89

①アフリカ諸国など、食料が不足する国ではピラミッド型の人口構成となる。一方、食料が足りている北半球の北米・ヨーロッパ・日本・韓国などは、つぼ型の人口構成となる。

②アジア・太平洋戦争が終わって食料難が一段落し、高度経済成長以後に生活水準が向上して出生率が劇的に下がって、多産多死型から少産少死型へと転換し、平均寿命も伸長した。

③1960年代半ばまでは高水準を維持するが、その後、全体的に低下した。

④1980年代以降、欧米各国では出生率の改善がみられるが、日本は低迷し続けている。その背景として、育児に関する社会福祉の充実や学費の免除、そして女性の地位の高さなどが日本と欧米では異なることが考えられる。

♣食料が不足する国ではピラミッド型の人口構成をとるが、足りている国ではつぼ型となっていく。出生率が低迷する日本に対し、フランスやアメリカなどの欧米諸国では、出生率の増加がみられる。

5　資源・エネルギーと地球環境　　p. 90

①地球温暖化問題。人口増加や経済活動による森林の

減少、自動車の増加による硫黄酸化物や窒素酸化物が酸性雨をもたらし、地球温暖化が砂漠化や異常気象を激化させ海面の上昇をもたらしている。さらに、フロンガスなどによりオゾン層の破壊も進んだ。

②考察のヒント：決まった答えはない。日本と世界の歴史を学び、時間的にも空間的にも私たちと世界がつながっていること、さらに地球の未来を共有していることを知るところから始めよう。

③ブラジル・インドネシア・ミャンマー・コンゴ・タンザニアなど、熱帯雨林を多く抱える国々。

④温暖化の原因物質である二酸化炭素を吸収する森林が減少すると、温暖化がさらに進むことになる。

♣森林の減少・砂漠化・酸性雨・地球温暖化・異常気象・海面上昇・オゾン層の破壊など様々な地球環境問題があり、国際連合を中心に、差別の廃止なども含めた人間環境の整備と保全が提唱されている。

6　感染症　　　　　　　　　　　　　　p.91

①農耕・牧畜を開始して、日常的に家畜とともに生活するようになったことで、感染症が発生するようになった。

②多くが熱帯雨林地域を保有しており、国内開発などの結果、野生動物との接点が増えたため、感染症が発生したと考えられる。

③ヒトの移動が頻繁におこなわれていたため。当時は第一次世界大戦の最中で、ヨーロッパにアメリカの兵士、ヨーロッパ諸国の植民地からも多くの兵士や労働者が動員されて感染したことで、全世界に広まった。

④感染症が根絶されることで罹患することがなくなり、人類の生存にとってプラスとなる。しかしその一方で、将来的にその感染症の免疫をいっさいもたない人ばかりになった時、再びその感染症が流行すると、致死率の高い危険な感染症となるリスクがある。

♣農耕・牧畜を始めたことから感染症が生まれた。近代以後に森林などを伐採して開発を進めた結果、野生動物との接点が増え、新しい感染症が登場することになった。文明と感染症は切っても切れない関係にあるといえる。

7　多様な人々の共存　　　　　　　　　p.92

①白人と多様なルーツをもつアフリカ系の人々が、ともに平等な国民として扱われ、国家への帰属意識をもつ社会の実現。

②多様な文化的背景をもつ移民人口が増加するなかで、文化や生活様式の違いから、住民との軋轢や分断が課題となったため。

③日本人の人口が減少する一方で在留外国人は増加し、全人口に占める外国人の割合が増えている。

④多様なルーツをもつ人々と分断した社会を構成するのではなく、ともに同じ社会に参画する機会を確保して、多様な意見を反映できる方法を構築する必要がある。

♣「国民」や「民族」のアイデンティティをつくり出すために、国旗や国歌、共通の言語や歴史が重視され、均質な集団がめざされた一方で、それ以外の文化や価値観への排斥や差別が生じた。多様性を重視し、共同して社会に参画する仕組みにより克服がめざされる一方で、文化や宗教の違いなどによる新たな衝突もおきている。

第5章　冷戦と世界経済
1　冷戦下の地域紛争と脱植民地化　　　p.94〜97

導入の問い

①冷戦のなかで、東西両陣営の対立構造の影響を受けた熱戦の惨禍に見舞われた。　②植民地支配から脱して独立し、植民地主義の否定、国際社会におけるヨーロッパ（欧米）諸国の主導権を否定する動きをみせ、バンドン会議を開催した。

解答

1．アラブ連盟　2．ユダヤ　3．パレスチナ分割　4．イスラエル　5．ソ連　6．スエズ運河　7．フランス　8．シナイ半島　9．パレスチナ解放機構　10．パキスタン　11．スカルノ　12．ベトナム民主共和国　13．ジュネーヴ　14．カンボジア　15．南ベトナム解放民族戦線　16．ニクソン　17．平和五原則　18．アジア＝アフリカ　19．アフリカ統一機構　20．第1回非同盟諸国首脳

テーマへのアプローチ

①冷戦は、朝鮮半島やベトナムのような分断国家や、朝鮮戦争・インドシナ戦争・ベトナム戦争といった熱戦が生じるなどの影響をおよぼした。

②アメリカや韓国は、アジア地域への共産主義への拡大を防ぐため、とくに韓国は北朝鮮と対立していたことから、ベトナムの共産主義化は自国の安全保障に関わるものととらえた。日本政府はアメリカを支持する立場をとった。しかし、国内では沖縄のアメリカ軍基地がベトナム戦争に利用されていたことへの批判や反戦運動が高まった。

③東西両陣営の枠をこえて、1955年にはアジア＝アフリカ会議を開催し、冷戦対立への批判と反植民地主義

や平和共存を掲げる平和十原則を宣言した。この流れ
をくんで非同盟諸国は、1961年には非同盟諸国首脳会
議を開催し、植民地主義の打破や民族解放の支援、平
和共存を主張した。また、国連を通じて、国際貿易や
経済体制の是正を訴えた。

●アジア諸地域では、冷戦の影響を受けた分断国家や
熱戦が生じた。また、第2次中東戦争など、中東情勢
にも冷戦が影響を与えた。こうした冷戦下で、独立国
が増加しつつあったアジア・アフリカ地域を中心に第
三勢力が形成され、平和共存や反植民地主義を主張し、
冷戦や先進国主導の国際経済体制に異議をとなえる非
同盟諸国の動きにつながっていった。

2　東西両陣営の動向と1960年代の社会　p.98〜101

導入の問い
①資本主義陣営は、個人の幸福が追求できる社会の理
想を、共産主義陣営は、民族の枠をこえた平等社会の
実現や社会全体の経済発展という理想を描いている。
②資本主義陣営では、貧富の差が拡大し差別問題が生
じた。共産主義陣営では、政治的自由は制限され、経
済的にも停滞した。

解答
1．赤狩り　2．大きな政府　3．公民権　4．アル
ジェリア　5．ド＝ゴール　6．NATO　7．アデナ
ウアー　8．ベルリンの壁　9．フルシチョフ　10.
スターリン批判　11．平和共存　12．プラハの春　13.
ブレジネフ　14．制限主権論　15．フェミニズム　16.
公民権　17．キング牧師　18．ベトナム反戦　19．五
月危機

テーマへのアプローチ
①マーシャル＝プランを通じてアメリカの援助を受け
つつ、戦争を防止する観点から、西独と仏の協調にも
とづくヨーロッパ統合の動きがみられた。また、フラ
ンスのド＝ゴール政権のように、アメリカから距離を
おく政策もみられるなどの変化をみせた。
②スターリン批判・平和共存路線をソ連が提示したこ
とを機に、1950年代にはポーランド反ソ暴動やハンガ
リー事件が、1960年代には「プラハの春」が生じるな
ど、自由化を主張する動きがみられたが、ソ連はプラ
ハの春への軍事介入を制限主権論で正当化するなど、
東ヨーロッパ諸国への指導力を堅持しようとした。
③既存の体制や社会に対する疑問が提起され、その変
革や近代化が積み残してきた課題解決をめざして、フ
ェミニズム運動や公民権運動などが展開された。また、

ベトナム反戦運動や五月危機など、青年を中心とする
動きが世界の広範囲でみられた。

テーマ全体の問い
●フランスのド＝ゴール政権の政策や、ハンガリー事
件・「プラハの春」など、それぞれ米ソに対する反発
がみられ、米ソの指導力・影響力はゆらいだ。また、
1950年代の「雪どけ」は、冷戦構造を変化させるには
至らず、1960年代にはベルリンの壁建設やキューバ危
機など再び冷戦は緊張へと向かった。こうしたなか、
既存の体制や社会に疑問が出され、フェミニズムや公
民権運動などの人種差別反対がなされたり、青年を中
心にベトナム反戦運動や五月危機が生じたりするなど、
世界の広範囲で様々な運動が展開された。

3　軍拡競争から緊張緩和へ　　　p.102〜103

導入の問い
[1][2]①相手国の核ミサイル。　②キューバ。約
1900km。　③キューバ危機。　[3]①大戦直後にもか
かわらず、冷戦のなか、南太平洋などで大国の核実験
が繰り返されて、核戦争の危険が高まっていた。

解答
1．核兵器　2．スプートニク1号　3．キューバ危
機　4．部分的核実験禁止　5．原水爆禁止世界大会
6．パグウォッシュ　7．ベトナム　8．デタント
（緊張緩和）　9．東方外交　10．国際連合　11．ヘル
シンキ宣言　12．核拡散防止　13．スリーマイル島原
子力発電所　14．戦略兵器制限交渉　15．アフガニス
タン

テーマへのアプローチ
①アメリカとソ連の関係改善が始まり、1963年には
米・英・ソ3国間で部分的核実験禁止条約が締結され
た。
②アメリカは、ベトナム戦争で休戦協定を結ぶにはソ
連の協力が必要と考えた。ソ連は核ミサイルの軍拡競
争を経済的に負担と感じており、ニクソン訪中による
米中接近に刺激された。
③米ソの緊張緩和と、国際連合における核兵器保有国
増加の防止検討を背景に、1968年に核拡散防止条約が
調印された。しかし、核保有国の削減義務はいまだ履
行されていない。

テーマ全体の問い
●米・ソを中心とした核開発の動きは、キューバ危機
後の部分的核実験禁止条約によってはじめて制限を受
けた。また、原水爆禁止世界大会の開催やパグウォッ
シュ会議など、反核・平和運動も高まりをみせた。そ

の後、デタントが進み、核拡散防止条約が調印されて
戦略兵器制限交渉もなされたが、ソ連のアフガニスタ
ン侵攻を機にデタントは終焉を迎えることになった。

を目的としたアラブ連盟や、植民地主義の克服をめざ
したアフリカ統一機構にはそれぞれ課題が残り、米州
機構はアメリカ合衆国の圧倒的な影響下におかれた。

4 地域連携の形成と展開　　　　　p.104〜105

導入の問い

①①「ヨーロッパ統合　平和と繁栄」　②1963年にイ
ギリスのEEC加盟を、ド゠ゴールが反対して阻止し
たこと。　③ド゠ゴールは、イギリスの背後にアメリ
カの経済力があると考え、反対した。描いたのはイギ
リスの画家。　②①意識が高い国はルクセンブルク。
ヨーロッパの中央部に位置する小国であるため、安全
保障や安定、そして経済発展のためにヨーロッパ人意
識が高い。意識が低い国はイギリス。島国で独自の歴
史的経験をもつイギリスは、国家主権を制限されるこ
とをきらう傾向がある。　②共通の経済政策やヒトや
モノ、カネ、サービスの自由化などにより一体化を強
めることや、共通の外交政策や安全保障により、安定
と発展をもたらすことなど。

解答

1．ヨーロッパ石炭鉄鋼共同体　2．ヨーロッパ原子
力共同体　3．ヨーロッパ共同体　4．イギリス　5．
南ヨーロッパ　6．共産　7．東南アジア諸国連合
8．東南アジア中立地帯　9．アラブ連盟　10．アラ
ブ首脳　11．アフリカ統一機構　12．リオ　13．農地
改革

テーマへのアプローチ

①フランスとドイツの対立克服と米ソの狭間での影響
力低下を避けるため、西ヨーロッパ6カ国でECSC、
EEC、EURATOM、ECを結成したが当初イギリスは
不参加だった。拡大EC後には南ヨーロッパ諸国も加
入した。
②当初ASEANは反共産主義的性格が強い組織だった
が、1971年の東南アジア中立地帯宣言以後は、総合地
域開発など経済分野での協力が重要となり、世界各
国・各地域との協力も進むようになった。
③アフリカ統一機構はアフリカ諸国の連帯、植民地主
義の克服などをめざしたが、不干渉主義をとったこと
から、頻発する国境や政権をめぐる争いに十分な対応
ができなかった。

テーマ全体の問い

●フランスと西ドイツを中心としたヨーロッパ統合は、
拡大ECなどにより巨大な統一市場を形成し、反共主
義的性格の強かったASEANも経済分野での協力を強
め、のちにその枠組みを拡大している。政治的な連帯

5 計画経済とその波及　　　　　p.106〜107

導入の問い

①①人民服と呼ばれる同じような服と同じような帽子
をかぶっていて、平等性を表している。　②家族だけ
でなく、共同で農作業をおこなう関係。　③農民たち
は人民公社に組織されて、共同作業・共同生活をする
ことで共産主義社会が実現すると考えられ、平等性を
追求するため無料の共同食堂もつくられた。　②①
1961年のソ連による世界初の有人宇宙飛行の成功。
②ソ連の社会主義が宇宙開発競争という科学技術分野
でアメリカに先んじたことを示し、第三世界からは社
会主義による発展のモデルと受け止められ、アメリカ
は危機感を覚えた。

解答

1．階級格差　2．工業化　3．新植民地主義　4．
ネルー　5．民主　6．ソ連　7．重工業　8．平和
共存　9．中ソ　10．選挙　11．技術革新　12．集団
化　13．反右派闘争　14．人民公社　15．インド　16.
プロレタリア文化大革命

テーマへのアプローチ

①階級格差のない社会、勤労者みずからが支配する社
会という理想は第三世界にとって魅力的で、政府主導
で短期間に工業化に成功したモデルとされた。
②言論や結社の自由などが制限され、政府高官と一般
国民との格差が広がるなか、個人の投資や創意工夫を
抑圧し、省エネルギーへの転換もなされず、技術革新
の遅れがめだつようになった。
③朝鮮戦争以来のアメリカとの軍事的対立と、1960年
代の中ソ対立やインドとの関係悪化により国際的に孤
立していたことと、大躍進の失敗から復権をはかる毛
沢東が大衆運動をあおったことがあった。

テーマ全体の問い

●植民地支配からの政治的経済的独立をめざす諸国や
新興独立国家にとって、階級格差を生み出す資本主義
とは異なる社会主義と計画経済が、政府主導の工業化
による国家建設のモデルとされた。しかし、その理想
とされたソ連と中国では、様々な矛盾や問題が生じて
いた。

6　日本の高度経済成長　　　p.108〜109

導入の問い

①欧米の先端設備や技術の導入による技術革新が進み、自動車の生産が進むとともに、経済成長による所得水準の向上によって自家用車の販売が増えた。　②太平洋ベルト地帯を構成する工業都市に、そのほかの地域の農村から若年労働者が流入して産業を支えた。

解答

1．ブレトン＝ウッズ　2．朝鮮　3．技術革新　4．経済成長　5．自由民主　6．国際連合　7．所得倍増　8．原油　9．鉄鋼　10．産業構造　11・12．平準化・均質化(順不同)　13．中流意識　14．太平洋ベルト　15．過疎化　16．四大公害　17．消費者

テーマへのアプローチ

①戦前から蓄積された良質で豊富な労働力、安価な原油、生産技術の革新に世界経済の成長といった条件の重なり。

②安全保障や外交をめぐって社会党などと激しく対立するなか、経済成長の支援をアピールし、社会党の意見もとり入れて所得の再分配を推進することで、政権の安定をはかった。

③経済成長を優先するなかで、産業公害による深刻な公害病が発生した。また、労働力として人口が一部の都市に集中し過密を引きおこす一方、東北や日本海側の農村では人口の流出による過疎化が進行した。

テーマ全体の問い

●自民党は日米安保条約の改定後、経済成長に国民の目を向けさせることで内政の安定をはかり減税や公共投資による所得の再分配を進めた。この頃、低価格の原油と技術革新、世界経済の安定といった条件に戦前から蓄積された良質で安価な労働力が組み合わさって日本は世界第2位の経済大国となった。この結果、国民の生活水準は向上し社会階層の均質化が進んだが、過疎化や深刻な公害などの課題を生み、経済成長の負の面に対する反省も進んだ。

7　アジアのなかの戦後日本　　　p.110〜111

導入の問い

①沖縄の日本復帰により、通貨がドルから円に変わるため。　②日米が沖縄返還交渉をおこなっていたあいだ、アメリカはベトナム戦争に介入していった。また返還交渉がまとまった1971年、アメリカは中国訪問を発表した。

解答

1．中国　2．韓国　3．東南アジア　4．日華平和　5．役務　6．借款　7．朴正熙　8．日韓基本　9．ニクソン　10．日中共同声明　11．日中平和友好　12．日本復帰　13．佐藤栄作　14．屋良朝苗　15．沖縄返還

テーマへのアプローチ

①東南アジア諸国のインフラ整備などが進み、その後の経済支援による結びつきのきっかけになるとともに、日本企業の経済的進出の機会となった。

②冷戦対立による分断で、いずれの政府と関係を結ぶのかという問題が生じた。また、植民地支配や侵略による損害をめぐる見解の相違、賠償や補償をめぐる条件交渉などが難航した。

③沖縄で祖国復帰の運動とアメリカ軍基地への反対運動が激しさを増すなかで、沖縄のアメリカ軍基地の維持や核兵器の持ち込みの黙認、原状回復費用の日本負担などの条件のもと日・米は沖縄返還に合意した。

テーマ全体の問い

●東南アジアの国々には役務や生産物による賠償がおこなわれた結果、これらの国々への経済支援になるとともに人的な交流や日本の経済進出の機会ともなった。中国との関係では初め台湾と国交を結んだが、アメリカの政策転換の影響を受け中華人民共和国との国交を正常化した。分断した朝鮮半島の国々とのあいだでは韓国と国交正常化し経済協力をおこなった。こうした過程で日本は戦争や支配により与えた損害への反省を示す必要があった。

第6章　世界秩序の変容と日本

1　石油危機　　　p.112〜113

導入の問い

[1]①第1次石油危機。　②原油価格の引き上げや輸出停止による生産の停滞が物不足を生むと考えられ、トイレットペーパーなど生活必需品の買い占めがおこった。　[2]①石油資源。　②砂漠地帯の油井が描かれているため、西アジアの産油国を想定したものと考えられる。　[3]①年代から第1次石油危機の直後だとわかる。よって、石油価格の高騰や供給停止により自動車のガソリン調達が困難になったためと考えられる。

解答

1．西ドイツ　2．変動相場　3．ブレトン＝ウッズ　4．オイル＝ショック　5．イスラエル　6．イラン＝イスラーム　7．先進国首脳　8．新興工業経済地域　9．狂乱　10．省エネルギー　11．安定成長　12．プラザ

①第1次石油危機は、アラブ諸国や原油産出国が原油価格を引き上げたり、イスラエルを支持する国に売却しないとする石油戦略を発動したため。第2次石油危機はイラン革命が勃発したため。

②第1次石油危機による原油価格の高騰が田中角栄内閣による公共投資拡大の影響と重なって狂乱物価を生み、インフレがおさまらないまま深刻な不況となった。こうして安価な原油と安価で優秀な労働力に支えられた高度経済成長が終焉を迎えた。

③1975年以降、毎年先進国首脳会議を開いた。また日本は、省資源・省エネルギーをめざした合理化投資をおこない、工場やオフィスの自動化を進め、人員整理を進めた。

テーマ全体の問い

●好景気にわく産油国が政治的発言力を高める一方、打撃を受けた先進工業国は1975年以降、先進国首脳会議を開催するようになった。低賃金で労働集約的な工業製品の輸出を拡大させた新興工業経済地域の成長が始まり、日本も狂乱物価の混乱ののち、省資源・省エネルギーをめざした合理化と自動化による安定成長を実現した。しかし、経済摩擦に直面した日本は、プラザ合意後には円高不況に直面することになった。

2 アジア諸地域の経済発展　　p. 114〜115

導入の問い

1①伸び率が高い国は1980年代以降の韓国やシンガポール、2000年代以降のインドネシアやマレーシア、インド。一方、伸び率の低い国は日本である。　2 3①外国に握られていたイランの石油産業を国有化し、採掘や操業をイラン政府がおこなうというもの。　②アメリカの援助を受けた国王パフレヴィー2世のクーデタによってモサッデグは追放されて、石油国有化は挫折した。

解答

1．南南　2．政府開発援助　3．輸出主導　4．直接投資　5．アジア通貨危機　6．開発独裁　7．リー＝クアンユー　8．スハルト　9．マルコス　10．インド＝パキスタン　11．宗教　12．モサッデグ　13．石油輸出国機構　14．オイルマネー　15．白色

テーマへのアプローチ

①日本は政府開発援助（ODA）による資金協力や技術協力をおこなう一方、1985年のプラザ合意以後には、東南アジアや中国への直接投資が急増した。

② NIES は1970年代以降、ASEAN は1980年代後半以降、相対的に安価で質の高い労働力を背景に、開発独裁のもとで輸出主導型工業化を進めた。

③石油輸出国機構（OPEC）やアラブ石油輸出国機構（OAPEC）により、原油価格決定権を取り戻したことで、巨額のオイルマネーを手に入れ、国内開発の投資がおこなわれた。

テーマ全体の問い

●韓国・台湾・香港・シンガポールなどは輸出主導型工業化を進め、アジアの新興工業経済地域（NIES）となった。また、東南アジア諸国連合（ASEAN）各国でも、1980年代後半から工業化が進んだ。これらの背景には「開発独裁」と呼ばれる強権的政治体制があり、言論はきびしく統制されていた。さらに、1990年代にIT関連で急成長したインドや、70年代以降原油価格の高騰で巨額の資金を得た西アジア諸国が政治的発言力を増大させた。

3 市場開放と経済の自由化　　p. 116〜117

導入の問い

1①「私たちは99％だ」　②多様なアメリカの一般市民。　③ウォール街はアメリカと世界の金融センター。証券取引所で巨額の株式投資がおこなわれ、莫大な資産を獲得する一部富裕層が存在する。そこでデモをおこなうことで、格差を「可視化」し、世論に訴えようとした。　2①ⓐは「豊年満作」になぞらえて、バブル経済により一万円札などあっという間に使ってしまうことを、ⓒは「郵便配達」になぞらえて郵政民営化を、ⓓは「兄弟喧嘩」になぞらえてアメリカのリーマン＝ブラザーズの破綻に始まるリーマン＝ショックを風刺している。　3①地域の事情に応じたサービスをおこなうこと、明るい窓口対応をおこなうこと、新しい旅行企画をおこなうことなどが理由とされた。　②ブルートレインなど分割された会社をまたぐ長距離列車は廃止されていき、採算のとれない地方ローカル線はあいついで廃線とされた。

解答

1．サッチャー　2．中曽根康弘　3．民営化　4．新自由　5．プラザ　6．競争　7．資本　8．世界貿易機関　9．自由貿易　10．公害国会　11．国連人間環境　12．フロンガス　13．二酸化炭素　14．京都議定書

テーマへのアプローチ

①政府の過剰な規制による個人や企業活動の抑制を打破し、停滞した経済を活性化させるため、福祉削減による歳出カットや国有企業の民営化、減税などをおこ

なう自由化路線。
②プラザ合意以後、日本経済の環境が保護から競争へと変わり、ソ連・東ヨーロッパ・中国なども資本主義経済を受け入れるなか、WTOが発足し、多くの自由貿易協定が締結された。
③大気汚染をはじめとした公害、酸性雨やオゾン層破壊、地球温暖化などの環境問題があるが、義務を負わない国やアメリカの国際的合意からの離脱、環境規制のゆるい国への企業の拠点移動などの課題がある。

テーマ全体の問い
●規制緩和などを進める新自由主義の進展とともに経済のグローバル化が進み、ソ連崩壊後の東ヨーロッパ圏や中国なども含めた自由競争社会が拡大した。しかしそれは、国内の雇用流出や多国籍企業が利益を独占する構造を生み出すなど、新たな問題となった。また、グローバル化の進展により、たとえば企業が環境規制のゆるい国に生産拠点を移す傾向にあるなど、地球環境問題にも負の影響をおよぼしている。

4 情報技術革命とグローバリゼーション
p.118〜119

導入の問い
①端末の小型化とネットワーク化。　②自宅にいながらにして遠隔地の人とコミュニケーションをとったり、送金や決済などの商取引をおこなったりすることができるようになった。

解答
1．改革開放　2．情報技術　3．電信　4．小型化
5．インターネット　6．情報　7．世界金融危機
8．産業の空洞化　9．ネットワーク　10・11．高度
情報化社会・知識基盤型社会(順不同)　12．仮想通貨
13．双方向

テーマへのアプローチ
①世界中の国と地域が即時に情報をやりとりすることが可能になり、国際交通システムの発達と組み合わされることにより世界経済の一体化を促進した。
②国際金融市場の発達をうながし、資本が瞬時に移動するようになった。また、多国籍企業により国際分業が急速に進行した。
③インターネット普及率による格差を生み出すとともに、犯罪のグローバル化やサイバー攻撃のリスク、情報網の独占などの課題も生み出した。

テーマ全体の問い
●20世紀初頭には電信や海底ケーブルによる通信網が世界を結びつけつつあったが、第二次世界大戦後には

コンピュータが発達、小型化して一般家庭に普及した。軍事技術を応用したインターネットによりそれらが結びつくことで、大量の情報が国境をこえて瞬時に行き交うようになり、世界経済の一体化が進展した。その一方で不況の世界規模化や犯罪のグローバル化、新たな経済格差などの課題も生み出し、国際社会は対応をせまられるようになった。

5 冷戦の終結とソ連の崩壊
p.120〜121

導入の問い
①②①1979年の侵攻以来、アフガニスタンにおけるゲリラ戦に苦しみ財政難におちいったソ連のゴルバチョフは、新思考外交を掲げて他国への内政干渉をひかえため。　②冷戦の緩和を期待させただけでなく、東ヨーロッパ諸国にとっては、ソ連が制限主権論を取りやめたことを意味し、内政干渉を受ける危惧がなくなったことで民主化が一気に進展した。　③①西ベルリン側。壁に色とりどりの落書きがあることからわかる。　②東ドイツから西ドイツへと市民の大量脱出が始まっており、ベルリンの壁を維持する必要性がなくなったため。　④①地の赤色は共産主義のシンボルカラーでソ連を表しており、サンドイッチの具がなく、食料問題が深刻であることを風刺している。

解答
1．アフガニスタン　2．ゴルバチョフ　3．グラスノスチ　4．中距離核戦力(INF)全廃　5．冷戦　6．大統領　7．連帯　8．ベルリンの壁　9．チャウシェスク　10．エリツィン　11．クーデタ　12．チェチェン　13．プーチン

テーマへのアプローチ
①経済成長の鈍化とアフガニスタン出兵による国家財政の疲弊が改革の背景で、新思考外交によって核軍縮やアメリカとの関係改善を進め、1989年のマルタ会談で冷戦終結を宣言した。
②ゴルバチョフが介入をひかえるなか、ポーランドで「連帯」の圧勝、東ドイツでベルリンの壁開放、ルーマニアでチャウシェスク大統領が処刑されるなど、東欧革命で共産党支配が終わった。
③経済的混乱や国際的な影響力低下への不満から共産党保守派のクーデタがおこるが、エリツィンと市民の力によって失敗した。ソ連は、ウクライナなどが独立するなか、ゴルバチョフの指導力が低下し解体した。

テーマ全体の問い
●アフガニスタン侵攻で疲弊したソ連で、ゴルバチョフ書記長がペレストロイカと新思考外交を始めると、

「双子の赤字」に苦しむアメリカとのあいだで冷戦の終結が宣言された。これと同時に東ヨーロッパでは共産党の独裁がつぎつぎと終わりを告げ、ドイツではベルリンの壁が開放された。経済再建につまずいたソ連が1991年に消滅すると、ロシアがその多くを継承したが、チェチェンでの民族紛争やクリミア半島をめぐる問題で国際的な信頼を低下させた。

6 現代の東アジア　　　　　　p.122〜123

導入の問い

①中国の地位の変化を表している。1990年代までは比較的基礎的な製品について安価な労働力を提供する工場であったが、2000年代には、経済成長を背景に市場としても期待されるようになった。2010年代には中国人の観光需要が増え、この間に技術を蓄積した中国は最先端の情報通信分野でも世界を席巻しつつある。

解答

1. 改革開放　2. 鄧小平　3. 天安門　4. 一国二制　5. 一人っ子政策　6. 領土　7. 民主進歩　8. 民主化　9. 金正日　10. 消費　11. 38　12. 雇用の流動化　13. 東日本大震災　14. 村山談話

テーマへのアプローチ

①改革開放政策の採用後、欧米や日本と経済交流を活発におこなって技術導入を進めるとともに国営企業改革を進めた。2000年代にはWTOに加盟して輸出大国となり市場としても注目されるようになったが、国内に経済的な地域格差を抱えた。

②台湾では経済発展のなかで民主化要求が高まり、李登輝以降、総統の直接選挙が始まった。韓国では1970年代後半以降北朝鮮を上まわる経済発展をとげるなか、盧泰愚の民主化宣言により大統領の公選が始まった。

③自民党政権による公共事業や社会保障の拡大は財政赤字を拡大させた。このため社会保障の見直しや大規模な規制緩和がおこなわれたが格差の拡大が新たな課題となった。また、発展した東アジアの国々との交流が増えるなか、過去の植民地支配と侵略のとらえ方が問題となった。

テーマ全体の問い

●改革開放政策を展開した中国は欧米や日本との交流を拡大し、世界の市場としても注目されるようになった一方で、経済格差や人権抑圧、海洋進出などで国際的な批判を受けている。朝鮮半島では韓国が民主化した一方、北朝鮮は世襲的な独裁体制のもとで経済が停滞し核開発をめぐって国際社会と対立している。日本は、東アジア諸国との交流が拡大するなかで植民地支

配と侵略への反省を明らかにした一方で、少子高齢化や長期不況といった課題を抱えている。

7 東南アジア・アフリカ・ラテンアメリカの民主化　　　　　　p.124〜125

導入の問い

①人道的活動・環境問題・貧困問題・民主化運動・子どもの権利問題への取り組みなど、人権問題などに貢献した人物や団体が受賞している。　②社会が多様化し、今まで問題とされてこなかった諸問題を解決しようと取り組んでいる人々が増え、その重要性に世界も気づきはじめたから。　③ノーベル平和賞受賞により国際世論が注目することで、発言力が増したり活動への支援が集まるなどして、諸活動がしやすくなる。

解答

1. フィリピン　2. インドネシア　3. ポル＝ポト　4. 国際平和協力　5. アウン＝サン＝スー＝チー　6. アパルトヘイト　7. マンデラ　8. 新興国　9. カストロ　10. チリ　11. ピノチェト　12. アルゼンチン　13. 累積債務

テーマへのアプローチ

①開発独裁のもとで経済成長をしてきた東南アジアの国々では、人権侵害や言論統制が多くみられた。そのなかで、経済成長の停滞や政権の不正が明るみに出たりするなどがきっかけとなり、民主化を求める声が高まった。

②国際世論の高まりが、国内の民主化に勢いを与えるのはもちろん、国際世論と連動した不買運動や経済制裁が強権的な政権にダメージを与えることもあり、民主化運動のリーダーはメディアを通じて国外へ呼びかける戦略をしばしばとった。

③キューバ革命を境にラテンアメリカ諸国で社会主義の流れが強まるとアメリカは内政にも積極的に干渉し、多くの国でアメリカの影響下にある政権が成立した。経済的にはほとんどの国がアメリカの投資や融資に依存するなど、その影響を強く受けた。

テーマ全体の問い

●東南アジアでは多くの独裁的政権が先進国の投資に依存して経済成長をはかったが、1980年代以降は民主化運動が高まりつぎつぎと倒された。ラテンアメリカではキューバ革命の影響を恐れた合衆国が干渉を強め、多くの軍事政権が開発独裁政策を推進した。1970年代以降は民政移管による経済的発展がはかられた一方で累積債務や貧富の格差の拡大などの問題も生じた。1970年代に強い批判によりアパルトヘイト政策が撤廃

された南アフリカのように国際世論が開発途上国の民主化に影響を与える事例も多い。

8　地域統合の拡大と変容　　　p. 126〜127

（導入の問い）

①国ごとの面は、同じEU内であっても、別々の国であることを表しており、他国の人々にとって別の国であることが強調される。　②それぞれの国の特色が出ており、君主制の国では当代の君主の肖像が描かれるなど、その国が誇りにしていることが描かれている。③EUは多様な言語や民族を含んでいるが、みなで一致していこうという意味で、EUの理念を表している。現在、各国の思惑の違いなどから、この理念が実現しているとは言いがたい。

（解答）

1．世界大戦　2．ナショナリズム　3．国民国家　4．共通市場　5．ユーロ　6．ポピュリズム　7．ヒトの自由な移動　8．イギリス　9．北米自由貿易　10．南米南部共同市場　11．世界貿易機関　12．東南アジア諸国連合　13．アジア太平洋経済協力　14．TPP　15．EPA

（テーマへのアプローチ）

① NATOのような集団的安全保障のための同盟組織、OAUのような対話を目的とした組織、ECのような共通市場の形成を目的とした組織などがある。
②地域統合によって恩恵を受けると考える人・損害をこうむると考える人はそれぞれ存在する。EUでは、安価な製品の流入や産業の国外移転、安い労働力の流入などの影響を受ける低所得者層を中心に反発が強い。また国をこえた組織に対して、個人の声が届きにくいとの懸念をもって反対することもある。
③設立時と現在で社会や国際関係のあり方が変わってきていることで、当初の構想では対応しきれない面が出ている組織が多く、構成国ごとに状況も異なるために足並みがそろわず、柔軟な対応ができないなどの問題がある。

（テーマ全体の問い）

●共通市場の形成を目的としたECからEUへの歩みは、国民国家を乗り越える試みとして注目されてきた。NAFTAは経済発展段階の異なる国を含んでいる点で画期的であり、その後の地域統合のモデルともなった。東南アジア諸国は「ASEAN + 3」「APEC」など様々な枠組みを通じて世界各国との協力関係を強化しており、アジアの国際的地位の上昇を示している。これら貿易自由化によって人件費の高い先進国では雇用が失

われる傾向にあり、中低所得者層を中心に反発が強まるなどの問題も生じている。

9　地域紛争と国際社会　　　p. 128〜131

（導入の問い）

①冷戦の終結により、安全保障理事会で拒否権をもつ大国間での対立が緩和した。　②各国間の利害調整が生じるなかで国連決議のない軍事行動が実行されたりするなど、新たな紛争に対し国連の仕組みが十分に対応できていないため。

（解答）

1．イラン＝イスラーム　2．イラン＝イラク　3．集団安全保障　4．暫定自治　5．バルカン　6．民族浄化　7．ソマリア　8．ルワンダ　9．アフリカ連合　10．アフガニスタン　11．同時多発テロ　12．イラク　13．分離・独立　14．アラブの春　15．IS　16．PKO協力　17．集団的自衛権

（テーマへのアプローチ）

①冷戦終結により大国間の対立が緩和された結果、国連の集団安全保障体制が機能する場面があった一方で、アフリカの紛争などでは十分な介入がおこなわれず解決に至らない事例も生じた。
②冷戦の終結により大国間の対立構造が消失するとともに、2001年以降、世界が「テロとの戦い」に対応するなかで、国家間の対立や、国家の有する正規軍どうしの衝突を前提に設計されたシステムでは限界があることが明らかになったため。
③国連を中心とする集団安全保障への貢献を求められ、また日米同盟における自衛隊の役割が拡大するなかで、自衛隊の海外派遣を可能にし、さらに海外での武力行使も可能としたが、国内では賛否両論を呼んでいる。

（テーマ全体の問い）

●冷戦の終結後、大国間の緊張が緩和すると国連の安全保障体制が機能し、湾岸戦争では多国籍軍が組織された。その一方でバルカン危機やアフリカでの内戦などでは国連による介入が十分におこなわれず、国際社会は深刻な人権侵害を防ぐことができなかった。2000年代に入りイスラーム主義の台頭やアラブ世界の変容のなかでテロリズムが頻発しているものの、従来の国家間関係を前提とした安全保障システムでは対応できず課題を抱えている。

アプローチ例

①欧米や日本をはじめとした、北半球の先進国で少子高齢化が進行している。

②アジアやアフリカ、南米は若年人口の割合が大きく、人口の増加が予想される。こうした地域は資源や安価な労働力、農産物を供給する地域として位置づけられてきた歴史があり、生活水準や教育水準も低くとどめおかれたため、子どもの死亡率が高く多産が奨励された。一方で食糧難や過密、環境問題などの課題が生じている。

③2055年頃には1955年と同じ人口になると予想されているが、年齢別の構成では大きく異なる。高齢化が進行することで、社会を支える若年者の負担は増大し、生産に直接たずさわる人の割合も減っていくことが予想される。労働のあり方や社会保障の見直しといった課題を解決する必要がある。

問いの考察例

日本の経験している少子高齢化は、世界の先進国や中国などもいずれは経験することになる課題である。日本の今後の取り組みは、世界の国々の課題解決のモデルにもなるし、反面教師にもなる。

解決方法例

①若年者の多い地域から労働力としての移民を積極的に受け入れる。しかし、歴史上こうした取り組みが衝突の原因となることもあったので、社会の分断を防ぐための制度や教育といった取り組みも考えていく必要がある。

②情報通信技術やAIを活用して、少子高齢化の進む地域では若年労働力の不足をおぎなう。その一方で、技術を活用できる国や人とできない国や人の格差が深刻な衝突の原因とならないような国際的な枠組みを構築していくことをめざす。

実践

（自由に考えてみよう）

歴史総合

現代の歴史総合 みる・読みとく・考える　ノート　解答

2022年2月　初版発行

編　者　　現代の歴史総合ノート編集部

発行者　　野澤　武史

印刷所　　株式会社加藤文明社

製本所　　有限会社　穴口製本所

発行所　　株式会社　山川出版社

〒101-0047　東京都千代田区内神田1-13-13
電話　03-3293-8131(営業)　03-3293-8135(編集)
https://www.yamakawa.co.jp/

ISBN978-4-634-05807-1　　　　　　　　　　　　　　　NMII0103